政协委员讲辽宁故事

政协委员 讲 辽宁故事

ZHENGXIE WEIYUAN JIANG LIAONING GUSHI

5

本书编委会　编

中国文史出版社

编委会

主　　任：赵永清

成　　员：蔡井伟　秦　喆　裴伟东　王殿武

应中元　王力威　曹远航　高　炜

韩玉起　张连波　刘向阳　王德佳

李晓多　张立军

编写组

执行主编：高　威　张　松

编　　辑：马　悦　工姚沽

目 录 CONTENTS

2

人鸟共家园

刘海东

　　丹东森林、湿地面积辽阔，气候温和湿润。北部辽东丘陵有辽宁省面积最大的林区，鸭绿江在南部入海，造就了富饶的鸭绿江口湿地，多样的生态环境为野生动物，尤其是鸟类的生息繁衍，提供了种类多样的栖息地。

　　目前，丹东有记录的鸟类达 370 余种，并且这个数字随着国内外观鸟者的观察，还在持续增加。其中，被列入世界自然保护区联盟、近期公布的世界极度濒危鸟种名录的有勺嘴鹬、青头潜鸭、白鹤等 3 种。另外，属国家重点保护的鸟类有 50 余种。其中，国家一级保护鸟类有白头鹤、东方白鹳、丹顶鹤、中华秋沙鸭等 10 种，国家二级保护鸟类有大天鹅等 40 余种。

　　丹东的滨海平原位于丹东南部，属于典型的滨海、河口湿地。鸭绿江入海口形成的滨海湿地，是中国能看到最大数量鸻鹬类鸟群的地方，也是东亚—澳大利亚鸻鹬类涉禽迁徙路线上最重要的迁徙停歇站之一。因此，丹东鸭绿江口湿地被誉为"世界最佳观鸟地"之一。

　　每年 4 月初到 5 月，数十万只鸻鹬类涉禽驭风而来，丹东鸭绿江口湿地成了鸟的天堂。庞大的鸻鹬类涉禽鸟群以斑尾塍鹬、大杓

黑翅长脚鹬

鹬、大滨鹬和黑腹滨鹬4种鸟为主,据估算,整个迁徙路线上40%的斑尾塍鹬会在鸭绿江口湿地停歇。

前几年的卫星跟踪研究显示,新西兰的斑尾塍鹬会通过7~8天的不间断飞行越过太平洋,直达鸭绿江口,出发时积累的脂肪由于万余公里的连续飞行而消耗殆尽,鸭绿江口湿地为众多远渡重洋的涉禽提供了丰富的食物。经过约一个月的休整、补充后,这些水鸟继续北上,到美国的阿拉斯加繁殖地去繁育后代。这一期间还有世界极度濒危的物种勺嘴鹬、濒危物种小青脚鹬等迁徙路过。鸭绿江口湿地鸟浪飞舞,早晨和傍晚是观鸟天文大潮期,艳阳当空,丹东鸭绿江口湿地便幻化成了黄金海岸,数万只鸻鹬类涉禽与金晖共舞,构成了醉美的生态景观。

2002年开始,我一直坚持用镜头记录鸻鹬类涉禽的迁徙。由我拍摄的丹东鸭绿江口湿地人鸟共家园的图片新闻报道连续多年在国家和省市级媒体发表。作为政协委员,我紧密结合本职工作,主动深入基层,围绕鸭绿江口湿地鸻鹬类涉禽迁徙,开展专题调查研究,

数万只鸻鹬类涉禽与金晖共舞

也围绕鸭绿江流域野生鸟类的保护撰写提案，积极建言献策。提案引起了丹东野生动物保护部门的高度重视，并得到了积极办理和认真实施。在社会各界的鼎力支持下，我先后多次策划、组织了面向全国的"生态丹东·鸟的乐园"摄影大赛，带动更多的摄影人用镜头介绍了丹东鸭绿江口湿地，用摄影展览的形式宣传了当地良好的生态环境。

　　鸟儿蹁跹，美景如画。每年春天，在丹东鸭绿江口湿地，有为期一个月的最佳观鸟期，来自全国各地的摄影家和游客慕名到此拍鸟观鸟，在万鸟翔集的生态景观中，感受与分享人鸟共家园的美丽心情，这绝美的场景正是对"绿水青山就是金山银山"的生动注解！

（作者系辽宁省政协委员，丹东日报社摄影部主任）

二十世纪初为工业中国而奋斗的本溪钢铁

苏　东

本溪的钢铁工业是中国近现代工业发展的见证。20世纪初，孙中山先生在《建国方略》中提出中国的钢铁工业"南有汉冶萍，北有本溪湖"。本溪湖遗产群包括本钢一铁厂旧址、本钢二电冷却塔及发电车间、本溪湖火车站张作霖别墅等8处遗址和诸多20世纪初的大型钢铁设施设备。

2013年，本溪湖工业遗产群被国务院认定为第七批全国重点文物保护单位，被列入全国红色旅游经典景区名录、中国20世纪建筑遗产名录、工业遗产名录，被辽宁省侨联认定为"辽宁省华侨国际文化交流基地"。

曾经，本钢一铁厂是中国第二大钢铁企业，其1号高炉是国内乃至亚洲现存历史最悠久的高炉。新中国成立后，共为国家生产生铁近3000万吨。本钢一铁厂建厂时，设备分别从英国、德国购进，是20世纪初亚洲最先进的生产设备。1945年，日本投降时对高炉进行了破坏。1949年开炉恢复生产，中共中央和中央军委题词并赠送贺幛"为工业中国而斗争"。

本溪湖火车站建于1905年，是当时安奉铁路的重要站点，也是安奉铁路全线目前保存最为完好的站房。九一八事变之后，该线成为日本侵略者在中国掠夺物资运回本土的重要交通运输线。抗美援朝期间，本溪湖火车站为支援抗美援朝战争作出了不可磨灭的贡献。由火车站望向东山，是当年的张作霖别墅与东北第一公学。1927年，修建了东山张作霖别墅和俱乐部。1946年，中共中央东北局在本溪湖筹建东北公学（后改名为东北大学），即后期的东

本溪湖火车站

北师范大学，校址就是张作霖别墅。至此，由中国共产党在东北创建的第一所大学诞生，在战火中培养了一批革命青年。

本溪湖的矿工群众从来就不缺乏斗争精神，始终与日寇、财阀进行艰苦卓绝的斗争。1927年，中共满洲省委领导开展工人运动，本溪湖煤铁公司4500人参与大罢工，在全国的声援下，罢工取得胜利。本溪湖煤铁公司大罢工是中国共产党在东北地区领导的早期工人运动，是中国工人运动史的重要组成部分。

1932年11月，中共奉天特委派共产党员李兆麟等来本溪湖煤矿开展工人运动。李兆麟等来到本溪煤矿后，首先成立了党的临时领导机构——工作委员会。1933年2月，按照中共奉天特委指示，中共本溪湖特别支部成立。中共本溪特支是中国共产党在本溪地区成立的第一个党的领导机构。

风雨飘摇从前事，喜看今朝换新颜。新中国的本溪工业从厚重的历史走进新的时代。本溪湖工业遗产群生产期间为新中国第一门炮、第一枚导弹、第一艘潜艇、第一颗卫星提供了特殊钢材。在这里，将建成一座本溪湖工业遗产群博物馆，成为中国钢铁工业历史的缩影，传承中华民族钢铁脊梁的文化。

（作者系辽宁省政协委员，本溪市侨联主席）

小香菇奏响乡村振兴之歌

关　伟

　　静谧的山林深处，一场无声的"蜕变"正在悄然进行……得益于大自然的馈赠，来自深山的香菇在汲取天地灵气、积聚日月精华、饱受青山绿水的滋养后，正伸展腰身，以饱满的状态等待着人们的采摘，期待踏上征服饕餮味蕾的旅程。

　　这些"舌尖上的"香菇，是来自岫岩满族自治县海拔 948 米的清新问候，是勤劳朴实的山里人最诚挚的表达——它们产自牧牛镇南马峪村的牧牛乡华阳食用菌种植专业合作社。这是一家集食用菌种植、科研、加工、销售为一体的农民合作组织，111 户社员都是有着十多年种植经验的"菇农"专家，深谙"发展新型农民合作社是乡村振兴引领共同致富的必由之路"。

　　本着"一人富不算富，大家富才算数"的创业初心，合作社将优化品牌作为发展战略，以主打绿色有机作为发展方向，通过规范食用菌的生产与加工统一标准，持续向集约化要效率，向高品质发展要效益，向过硬的产品质量要信誉。2022 年，"华阳食用菌种植合作社"获得了国家绿色食品标识。

　　一业兴，百业旺。这是牧牛镇靠发展食用菌，让当地百姓走上了富裕之路的缩影。近年来，在岫岩满族自治县农业农村部门的科

牧牛乡华阳食用菌

学指导下，牧牛镇立足优势产业，以"香菇"为媒，推动各优势产业持续向好发展，把当地分散种植的经营户组织起来，引领大家共同致富。香菇产业的发展提供了更多就业岗位，促进了群众增收，当地群众的幸福指数不断攀升。

香菇产业生产规模的扩大与村集体经济的发展壮大相得益彰。如今，牧牛镇在推动香菇产业高质量发展的路上步伐稳健、阔步向前，为带动上下游产业、推动乡村振兴奠定了坚实基础。心怀大志的"华阳"人更是蓄势待发——脚踏坚实的土地，迈开果敢的步伐，在昂扬的号角声中，在这秀美的山川中与时代共舞，共同奏响一曲乡村振兴的凯歌！

（作者系辽宁省政协委员，鞍山市农业农村发展中心高级工程师）

彰武的"沙泉鱼宴"与"葡萄王"

李敬岩

传说在很久以前，彰武县大清沟一带是一片草原，平整的草地被沙坨子割裂出两条沟，从此有了大清沟和小清沟两条河。

大清沟绵延于哲里木盟（通辽市原称）南部的原野之上，与长约250公里、一望无际的科尔沁沙地接壤。人们对这条大沟的形成原因众说纷纭：有的说是50万年前，由于地壳变迁出现的断裂带，形成了此沟；有的说这里是古代河床；还有的说是由于常年水土流失产生的侵蚀沟。据一位林业专家讲，这里是长白山原始植被的遗留地，辽北、辽西原始植被遭受破坏，大清沟却保存下来，因此这条沟有着特殊的科学研究价值。它像一条长形翡翠，镶嵌在这茫茫的沙海之中。

大清沟内的景观与沟外荒凉的沙化现象形成了鲜明的对比。沟中间是长年不断的潺潺流水，入口甘甜芳美，沟内景致朦胧中夹杂清丽，好似梦幻世界。沟的两岸树草丛生，常绿树与落叶树共存，乔木与灌木掺杂，鲜花与绿草相间，溪流与明沙相依。

大清沟水库的鱼最为珍稀，经过多年实践，已经形成独具特色的清沟鱼宴。大清沟水清、沟深、藻类繁多，因此这里的鱼肉质细嫩，没有异味。大清沟鱼宴色、香、味、形样样俱佳，鱼鲜味美，

大冷镇禾瑞果品专业合作社"葡萄王"

口味纯正，食用的鱼现捕现做现吃。厨师们烹调技术高超、烹调方法花样繁多，用鱼的不同部位制作出不同口味的佳肴，现已被评为阜新市"八大美食"之一。2018年春节期间，大清沟的沙泉鱼宴在中央电视台《舌尖上的中国》纪录片中亮相后，大清沟名扬四海。

"葡萄王"是大冷镇禾瑞果品专业合作社2011年在小清沟北岸日光温室栽下的第一棵葡萄树，经过十余年的管理抚育，如今其主树干直径已经达到25厘米，周长60厘米，比普通葡萄树粗壮10倍，树冠覆盖面积达300平方米。"葡萄王"不仅产量有保障，而且用工量减少，通风透光好，成熟期提早，果实着色更好，品质更优，年产葡萄1500公斤，一棵葡萄树的效益达到9万元，成了名副其实的"摇钱树"，一跃成为当地家喻户晓的"明星"。

如今，"葡萄王"已成为名副其实的发财树，展现出了非凡的生机活力，藤蔓古朴苍劲，硕果累累，吸引了众多游客，每年到这里观光的游客达上万人次。在游客心中，"葡萄王"是现代新农人精心种植、默默养护的"开心果"。它不仅是一棵树，更留存了一段记忆，一份情怀。正是新农人让当地的千亩葡萄产业成为脱贫攻坚中的重要产业，在当地谱写了一个个葡萄产业发展的奇迹和致富奔小康的甜蜜故事。今后，新农人还将尝试嫁接更多新品种，让一株株果树结出"十全十美"的果子……

（作者系辽宁省政协委员，彰武县农业发展服务中心总农艺师）

辽宁机器人，惊艳世界的冬奥会"北京八分钟"

张　进

辽宁是我国的老工业基地，产业基础雄厚，研发和生产能力全国领先。辽宁还有一个非常亮眼的制造业标签——中国机器人产业的发源地。经过多年发展，辽宁已成为国内机器人产品线最全的制造基地，产业链覆盖了产业全链条。起步于创新，强盛于创新……

辽宁是新中国工业的摇篮，被誉为"共和国长子"，但很多人并不知道，辽宁也是中国机器人诞生的摇篮。早在20世纪80年代，辽宁就开始了机器人研究。1982年，我国第一台工业机器人在中国科学院沈阳自动化研究所研制成功；2000年，中国第一家机器人产业化公司——沈阳新松机器人自动化股份有限公司正式成立。

2018年10月，平昌冬奥会闭幕式上的"北京八分钟"惊艳了全世界，来自沈阳的机器人将表演推向了高潮，也让更多国人认识了沈阳的新松机器人公司。这一年，沈阳新松迎来了18周岁的"成人礼"，辽宁的机器人产业也实现了从厚积薄发到一鸣惊人的飞跃。辽宁机器人产业从无到有，"长大成人"，为中国机器人产业杀出一条血路。

2000年，新松公司由沈阳自动化研究所孵化成立，辽沈大地由此吹响了我国机器人产业化发展的号角。创业之初，沈阳新松公司是一个没有场所、没有产品，也没有市场的"三无公司"，公司的最大财富，就是一群心怀"科技报国"使命的科学家。当时，中国机器人市场早已被国外企业全面垄断，面对强敌环伺的残酷市场竞争，老一辈新松人临危受命。新松公司的设计大厅晚上 10 点前从没关过灯，绘图仪总是连续运转不停歇……新松人传承辽宁鲜明的创新基因和科技底色，推动着中国机器人产业不断发展、壮大，从打破行业垄断，到填补出口空白，创造了中国机器人发展史上百余项的"行业首创"……

如今，中科院沈阳自动化所已经成为中国机器人科研领域的"国家队"，新松公司的技术创新和产业化发展能力也处于行业领先地位。回首来时路，辽宁，已引领中国机器人产业走过万水千山。

机器人被誉为"制造业皇冠顶端的明珠"，是智能制造的核心支撑装备，也是全球各国抢滩布局的朝阳产业。2023 年，23 岁的新松公司，身处风口，肩负重任，正不负使命，为实现辽宁全面振兴新突破贡献力量。在新松的生产车间里，随处可见"科技强国，产业报

新松工业机器人

国""奋斗成就梦想，强国复兴有我"的标语，国家级创新研发团队正面向国家重大需求和辽宁振兴发展需要开展科技攻关，加速突破"卡脖子"技术。井下巡检机器人、工业清洁机器人、蛇形特种机器人……各类型的机器人在新产业、新市场、新业务领域不断取得新突破。

如今，"新松机器人"已成为辽宁努力推进工业从"制造"向"智造"转变的一个缩影，正加速为建设数字辽宁、智造强省提交"硬核答卷"。

未来，新松公司将以更高站位、更大格局助力辽宁全面振兴取得新突破，以更大担当、更大作为推动中国机器人产业高质量发展。我相信会有越来越多的优秀企业入驻辽宁、扎根辽宁、圆梦辽宁，携手再创更多彰显"中国速度、中国水平"的发展成就！

（作者系辽宁省政协委员，沈阳新松机器人自动化股份有限公司总裁）

"沈商公益"在行动

侯 巍

为大力弘扬企业家精神，积极引导广大民营企业家履行社会责任，不断提升工商联凝聚力、影响力，沈阳市工商联自 2021 年起围绕"惠民生、暖民心、顺民意"，针对到基层商会实地调研中了解到的问题和群众诉求，开展"沈商公益"活动，组织机关干部、各商协会及企业家持续开展无偿献血、助学、助老、助残、助困等公益活动。

两年来，"沈商公益"已逐步成长为企业家积极参与、社会各界广泛认可、受益群体众多的公益慈善品牌。

涓涓热血传真情，沈商爱心显担当。献血让生命延续，奉献让真情永存。受高温高湿天气影响，2023 年夏季，沈阳市内临床用血量居高不下，全市血液库存持续低于警戒线。了解到这一情况后，沈阳市工商联与沈阳市中心血站联合举办"捐献热血挽救生命，沈商爱心展现担当"主题活动。在世界献血日当天，沈阳市现代贸易商会、电动自行车商会、安徽商会、新民市工商联、玫瑰集团、禧悦酒店、安泰汽车等多家商协会、执常委企业党员、员工等早早等候在采血车旁，在工作人员的指导下，有条不紊地完成填表、验血、初检、登记、采血等一系列献血流程，献血量共计 48600 毫升。爱心涓涓汇聚，热血传递真情，大家用实际行动践行社会责任，以爱心诠释为民情怀，为沈阳市临床医疗救治血液保障作出了"平安贡献"。

"六一"慰问送祝福，真情关怀暖童心。2023 年 6 月，沈阳市工商联先后组织上海商会、安徽商会为沈阳市儿童福利院、大东区聋哑学校捐赠高端商用净水直饮机、纸尿裤、食物、文具等物资，ZAGA 形象设计公司 10 位发型师还为部分聋哑、智力障碍学生免费理发……部分企业表示，愿意为福利院走出的青年提供就业岗位，让他们深切地体会到社会的温暖和关怀，拥有面对生活的勇气和信心。

在"沈商公益月"活动期间，沈阳市工商联还组织沈阳文旅房产经纪有限公司赴清水台镇中心小学，向留守儿童送去 500 套正姿笔，并与学生一同参与儿童节活动；江苏商会会员企业到王滨希望学校开展爱心助学公益活动，为学校修缮教学楼，美化校园环境，为学生保障餐费，提供助学金，捐赠学生英文读本等。一次次的公益活动，不仅为孩子们带去心灵上的慰藉，也把"沈商公益"这块金字招牌擦得更亮。

弘扬美德助孤老，扶贫帮困解民忧。尊老敬老是中华民族的传统美德，爱老助老是全社会的共同责任。2023 年端午节期间，沈阳市工商联组织沈阳汽车租赁服务商会赴多福乐居养老中心慰问孤寡老人，陪同老人包粽子、佩香囊、投壶、射五毒，并送去节日慰问品；广东商会会员企业前往部分敬老院、养老院、福利院进行爱心捐赠，为特困老人送去关爱。慰问困难群众，送去真心关怀，沈阳市工商联还开展了"党派我来的·帮扶暖心"行动，组织各党支部党员先后到 7 个社区看望困难群众，通过适当方式开展送贴心服务、捐赠款物等爱心行动，了解困难群众病情和生活需求，想办法帮助其降低购买药物费用，解决实际问题。

沈商养老院送温暖工作人员合照

洪水无情人有情，沈商公益助涿州。2023 年夏天，河北涿州连续出现强降雨天气，对当地居民的生产生活造成严重影响。沈阳市工商联在第一时间携手沈阳市汽车租赁服务商会（奉天奔驰会）发起爱心驰援涿州公益活动——连夜将筹集到的 711 箱矿泉水、600 箱桶装方便面、100 套救生衣等物资和满满的关爱送到当地群众身边，送到当地群众心间。

上善若水，厚德载物，涓滴之水，汇聚成川。多年来，"沈商公益"开展活动 100 余次，累计捐款捐物 330 余万元。未来，沈阳市工商联将继续引导和支持商（协）会组织和广大民营企业家投身沈阳慈善公益事业，遵循创造价值、回报社会的初心，汇聚各种爱心力量，深化"沈商公益"品牌活动，将这份爱心力量持续传递下去。

（作者系辽宁省政协委员，沈阳市政协副主席、沈阳市工商联主席）

辽之河　故事多

王殿武

河流是人类文明之母。无论是游牧民族还是农耕民族，都因大河而生。辽河之于辽宁，如同长江、黄河之于中国，是哺育生活在这里的人们的"母亲河"。

自然之河

辽宁因辽河而得名，"六山一水三分田，西部丘陵东部山，七大江河入海流，中部沿海有平原"，沿边沿海、河海交融、山川锦绣、四季分明，是中国唯一拥有农耕、游牧、渔猎与海洋文明等四种文明的省份。

辽河是中国的七大江河之一，也是沟通东北与中原的重要水道。辽河有两个源头，西源西拉木伦河发源于内蒙古克什克腾旗芝瑞镇马架子村的白岔山，东源东辽河发源于吉林省东南部吉林哈达岭，两源在辽宁省铁岭市昌图县福德店汇合，始称辽河。

辽河流经河北、内蒙古、吉林、辽宁等四省（自治区），全长1383千米，在辽宁省盘锦市注入渤海。与长江、黄河并列的西辽河流域的红山文化是中华文明的直根系，"玉出红山，礼行天下"把中华民族文明史向前推进了 1000 多年。

第一朵花绽放地、第一只鸟飞起地、红山文化发祥地、三燕辽金兴盛地、大清王朝发源地、抗日战争起始地、解放战争转折地、新中国国歌素材地、抗美援朝出征地、共和国工业奠基地、雷锋精神发祥地……这些光荣与梦想，见证了辽河畔的光辉历史，也预见了辽河畔必将有着光明的未来！

生态之河

习近平总书记亲自谋划了"江河战略"，在 2017 年元旦新年贺词中发出"每条河流要有'河长'了"的号令。

辽宁省从 2008 年，特别是党的十八大以来系统开展了生态治理河湖的生动实践。通过实施"辽河治理攻坚战""大浑太（大辽河、浑河、太子河）治理歼灭战"和"凌河治理阻击战"三大战役，全面消除了劣五类水质，辽河率先摘掉了"三河三湖"重度污染帽子。

2022 年底，全省市、县污水处理率及污泥无害化处置率均达到 95%，畜禽粪污综合利用率达到 83.5%，主要农作物农药利用率稳定在 40% 以上，全省地表水国考断面水质优良比例 88.7%，216 个国家的重要水功能区水质达标率 90.7%，86 个县级以上在用集中式饮用水水源水质全部达标，辽河流域水质实现了历史性突破。

通过先后实施河流滩区生态封育等措施，生物多样性日益恢复，水质环境与生态环境明显好转，2022 年全省水土保持率提高到 76.58%，辽河干流千里生态长廊全线贯通，来辽河口栖息的斑海豹逐年增加，人与自然和谐共生生态体验场景持续显现。沈阳七星湿地公园、锦州东湖森林公园、朝阳大凌河风景区、本溪关门山水利风景区等成效显著，水生态保护修复取得历史性成效。

2022 年 8 月，辽宁省入选全国首批省级水网先导区，"辽河口国家公园"成为 49 个国家公园候选区之一。

幸福之河

2019 年 9 月，习近平总书记在河南郑州发出了"让黄河成为造福人民的幸福河"的号召，2022 年 8 月在锦州小凌河东湖森林公园考察时指出，要坚持治山、治水、治城一体推进，生态文明建设能够明显提升老百姓获得感，老百姓体会也最深刻。

未来，我们要全面落实"江河战略"，全力推进河湖治理保护提质增效，建设造福人民的幸福河湖。持久水安澜。高质量推进河湖防洪提升工程，严格水域岸线管理保护，动真碰硬开展妨碍河道行洪突出问题整治，确保河湖安澜、人员安全、社会安定。优质水资源。强化水资源刚性约束，统筹生产、生活、生态"三生用水"，持续实施用水总量和强度双控行动，为经济社会高质量发展提供更为

小凌河东湖森林公园鸟瞰

牢靠优质用水保障。健康水生态。统筹粮食安全、防洪安全、生态安全，深入打好碧水保卫战，保障河湖生态流量，让越来越多的河流重现生机，复苏健康生命。宜居水环境。实施河流断面水质问题零报告制度，确保重点河流断面水质"保优消劣"行动取得扎实成效。逐步完善水质—排污口—污染源响应联动机制，以美丽河湖、美丽乡村促进美丽辽宁建设。先进水文化。开展河湖健康评价，打造智慧河湖，创建辽河口国家公园，建设辽河博物馆，将辽河丰富、独特、深厚的自然和历史文化进行全方位、多层次的展现和传播，讲好辽河故事，传承辽河文明。

让辽河成为造福人民的幸福河，成为辽宁振兴发展的一张亮丽名片！让辽河走向中国、走向世界！

（作者系辽宁省政协委员，辽宁省政协农业和农村委员会主任）

一座馆，承载了辽阳人的雷锋记忆

陈利儒

　　1959 年 8 月 20 日，雷锋来到辽阳弓长岭铁矿焦化厂工作；1960 年 1 月 8 日，雷锋从辽阳走向军营。这短短 142 天里，雷锋在辽阳留下了许多令人难忘的故事。

　　在辽阳，既有雷锋的工友，又有雷锋的战友，还有雷锋的义弟；在辽阳，每个人都能讲出一段雷锋的故事，每个人都是雷锋精神的传承者和弘扬者。

　　作为弓长岭人，我有幸参与了辽阳雷锋纪念馆的建设工作，亲

辽阳雷锋纪念馆

21

历了这座以"工人雷锋"为特色的纪念馆从无到有、从小到大的成长与蜕变。2003年3月4日，在雷锋工作过的铁山脚下、汤河岸边，一座承载着辽阳人珍贵记忆的雷锋纪念馆正式建成。2009年，纪念馆搬迁至弓长岭区雷锋街1号，2012年进行大规模改扩建，正式定名为"辽阳雷锋纪念馆"，成为面积11580平方米、馆藏文物3000余件的现代化展馆。

文物从零开始征集，史料从头开始挖掘。20年前，在雷锋精神的感召下，在老一辈人的带动下，我们一群心怀理想、意气风发的年轻人踏上了收集"雷锋记忆"的探寻之旅。几经周折，李世家、李钦荣、陈日东、李维信、易秀珍、吕学广……这些曾经与雷锋有关的人陆续被寻访到，他们主动向我们讲起雷锋的故事，大家心向一处想，力往一处使，将对雷锋的全部思念寄托于共同为之努力的建馆事业当中。

雷锋的棉被、雷锋的工具箱、雷锋的入伍鉴定、雷锋写下入伍誓言的黑板……一件件雷锋文物相继成为辽阳雷锋纪念馆的珍藏，更多的雷锋故事也不断为世人所了解。

李维信，雷锋当年在弓长岭铁矿焦化厂的同班组工友，他不仅在工作上紧跟雷锋的脚步，在生活上也十分关心雷锋。因为雷锋是南方人，对北方的寒冷气候不是很适应，李维信就把自己的压脚被送给雷锋盖。雷锋离开弓长岭后，李维信十分想念雷锋，除了这床压脚被，还有雷锋打井时用过的安全带、电石灯等工具，他都一直精心保管，当听说要筹建雷锋纪念馆时，他激动地把这些珍贵的"宝贝"捐给了纪念馆。

李维信生前经常步行到雷锋纪念馆筹建办公室，仿佛来到这里就是"回到了家"。后来，雷锋纪念馆建好了，在离纪念馆不远处矗立了一座雷锋石雕像，每逢下雪时，李维信都会自己拖着扫把走很远的路过来扫雕像周围的雪。望着雪中的老人，我感受到了一份最深沉的执念、最朴素的情怀。李维信曾说"一事当前，雷锋会怎么做，我就怎么做"，这句话让我印象深刻，至今想起，仍不禁动容。

还有一位雷锋工友叫石惠卿，当年他的家里比较困难，雷锋就把自己的棉袄送给他，这令石惠卿十分感动，这件棉袄也一直留在他的身边。后来，在捐赠这件棉袄时，年近八旬的石惠卿说："我总算盼到了这一天，这是我多少年的一个心愿，今天终于实现了！"

20年间，这样的故事不胜枚举。每到学雷锋纪念日和重要时间节点，这些雷锋故事的亲历者都会来到纪念馆，其实他们才是建好纪念馆的最大功臣。这群"雷锋人"不仅将雷锋遗物带到了纪念馆，更是将雷锋精神永远铸造在纪念馆。

以雷锋精神建馆，用雷锋精神育人。雷锋身上那种"向上"的人生态度和"向善"的价值追求深深影响着我和我的同事们，激励着我们肩负起新时代弘扬雷锋精神的光荣使命。我们与时俱进，完善服务功能，设立青年文明岗、巾帼志愿服务点，设置党员宣誓区、学习书屋、雷锋剧场、雷锋主题邮局，为参观者提供更好的服务。我们紧跟信息技术发展步伐，推进网上展馆建设，将传统实体展览搬到线上，推出云展览、云直播，让更多人可以突破时空限制，在"云端"致敬雷锋。我们用文艺形式让雷锋故事更可亲可感，创作情景剧《雷锋在弓长岭》，运用舞蹈、快板、话剧、小合唱等形式，再现了雷锋在弓长岭期间的感人事迹。我们创造性地推出"看一次雷锋展览、读一遍雷锋日记、唱一首雷锋歌曲、看一场红色电影、重温一次入党誓词"的观展线路，让参观者沉浸式体验雷锋精神的丰富内涵。

"我们要像雷锋叔叔那样，以钉子般的挤劲和钻劲，努力学习科学文化知识，做新时代的雷锋式好少年！"在辽阳雷锋纪念馆，小讲解员饱含深情的演讲吸引了众多观众驻足。

在辽阳，在雷锋精神的滋润下成长进步、奋发有为的又何止可爱的孩子们？进农村、进社区、进企业、进行业、进机关、进学校、进军营、进网络，雷锋精神"八进活动"正成为辽阳市推进学雷锋活动常态化的鲜明注脚，每个辽阳人都像雷锋一样温暖着这座城，用心建设着这座城。

守正创新担使命，奋发有为促振兴。作为一名政协委员，我将不断擦亮奋斗底色，立足自身岗位，讲好"工人雷锋"故事，用雷锋精神凝聚起辽阳振兴发展的"同心圆"，让雷锋精神成为文明辽阳最亮丽的底色！

（作者系辽宁省政协委员，辽阳雷锋纪念馆副馆长）

满"城"书香，点亮"诗与远方"

段立丽

> 书之于人，是成长进步的阶梯；
> 书之于城市，是文脉延续的源泉。
> 沈阳，一座书香浸润的城市，
> 正以全民阅读涵养文明的厚度，
> 滋润幸福的生活。

周末傍晚，位于太原街的玖伍文化城里，人们精心挑选着图书，体会阅读的快乐。这座东北最大的文化综合体早已成为沈城市民读书休闲的城市地标。玖伍文化城以"文化+"的跨界模式，为实体书店的发展打开全新的思考方式；这座"城"在沈阳营造起浓厚的书香文化氛围，点亮百姓的"诗与远方"。

一座书城播种满城书香

互联网时代，知识走向富媒体化，"泛阅读"与"云阅读"重新定义了读书的边界，人们获取知识首先选择的是快捷的网络。另外，创新消费体验，是带动消费的重要因素，文化以其独特的亲和

力和体验感，成为点燃消费热情的新活力。基于此，玖伍文化城打造时尚文雅的沉浸式生活场景，让"消费的人气"与"阅读的文气"相得益彰。

"拉满的文化感，点亮了书店的每个角落，每次来到这里都觉得放松了很多，也更愿意沉下心来读书。"和平区市民王先生说，走进玖伍文化城，他立刻被一种文化氛围环绕，书店中央的"文化之树"，让人宛如漫步于"书丛"之中，每当有读书分享会时，"大树"下的阶梯广场更是座无虚席。

玖伍文化城推出"八点引读"与"沈阳青年 talk"等线上线下品牌阅读活动，力邀马伯庸、大冰、曹文轩、徐梦桃、王石等十余位名家名人与沈城市民面对面，感受阅读的魅力和文化的力量。

一缕书香浸润少年心田

弥漫的书香形成的巨大文化磁场，不仅让玖伍文化城成为吸引成年人心灵休憩的场所，也让孩子们流连忘返。"在这里阅读，我知道了很多有趣的小故事。这本《白熊回家》是我这个暑假最大的发现：故事中的熊小黑从不被接受到率领北极熊家族重返北极家园的故事非常感动我。"一位帅气的小男孩在谈起他的阅读体验时，嘴角总是带着笑容。"在逆境中，放弃也许很容易，但坚持一定会走出逆境！"小男孩说，"我要把熊小黑的故事记下来，开学时带给我的小伙伴们，跟他们分享这个美好的故事。"

玖伍文化城推出了一系列活动，丰富孩子们的暑期生活，其中送出的 500 张《长安三万里》电影票最为人津津乐道。这部近 3 个小时的影片，从唐代诗人高适的视角出发，讲述了他与李白相识的往事。片中有对杜甫、王维、王昌龄等诗人群像的呈现，48 首唐诗贯穿影片，让人们身临其境般感受诗的情感和意境。有网友发文，称在影院看《长安三万里》，一群小朋友边看边念诗。

让红色文化有滋有味

"六地"是辽宁独具特色的红色资源。玖伍文化城精心打造"红色堡垒"项目，玖伍党建书店、"玖伍红色讲堂"、"玖伍红色驿站"、"玖伍青年之家"定期举办讲座，传播党的声音，传递满满正能量，给慕名而来的人们带来心灵的震撼。

"辽宁的红色故事、红色精神深深地铭记在我的脑海里。"一位外省市民在参观辽宁红色"六地"展览的偶然行程里收获了这样意外的感触，"抗日战争起始地、解放战争转折地、新中国国歌素材地、抗美援朝出征地、共和国工业奠基地、雷锋精神发祥地，我今天才算真正了解了辽宁，才明白为什么称辽宁是'共和国的长子'。"

在"雷锋在沈阳"图片展上，来自沈阳多个小学的志愿者组成了雷锋故事讲解员小队，他们查阅了很多雷锋的生平故事，特别是在沈阳的足迹，通过一次一次的讲解，让参观市民感受到雷锋就在他们身边，就在这座英雄的城市。

让传统文化有情有趣

"非遗"市集、汉服大会、曲艺相声、唐诗挑战……传统节日习俗盛况的成功复现，让市民沉浸式地感受古时文化生活的别样情趣。近年来，玖伍文化城打造传统文化主题活动，打开了传统文化的"密码"，激发了更多人对于读书的兴趣。

今年暑假期间，《穿越时空的教科书》《一次特殊的告白》等近30场情景剧在玖伍文化城上演，孩子们用生动的语言、真实的情感，演绎红色经典、中华八德、传统文化等内容。这样的活动在他们幼小的心田播撒下爱党爱国的种子，帮助他们从小树立听党话、跟党走的坚定信念。

一座书店的气质，浸润着城市的文化底色。于读者而言，玖伍文化城不仅是一个阅读空间，更体现着新时代的新生活。阅读引领、文化传播、文明传承，这张"书香名片"正为脚下这片热土滋养精神底气，凝聚奋进动力。

（作者系辽宁省政协委员，沈阳玖伍苑文化有限公司媒体宣传中心经理）

一条大河，见证百年营口历史变迁

李红莉

渤海岸畔、辽河之滨，坐落着一座古老而年轻的城市，这就是东北第二大港口城市——营口。

营口，是"没沟营口岸"的简称，没沟营是营口市区最初的俗称。因为这里是退海之地，潮沟遍布，退潮时干涸，涨潮时海水没过潮沟，所以叫没沟营。营口开港后，清政府的奏章等文件中称营口为"没沟营口岸"。

营口是中国东北第一个对外开埠的通商口岸，1861年开埠，是中华民族金融业的兴起之地，曾是东北的经济、金融、贸易、航运和宗教文化传播中心及各种物资的集散地。一百余年开埠通商，多民族聚居文化交融，使营口成为一个既有历史文化底蕴，又有开放包容之风和海纳百川气质的城市。

2022年9月，因工作原因，我来到了营口。随着工作、生活的日渐深入，我对这座河海城市的独特魅力、人文精神以及发展实力、活力和潜力有了更加全面深刻的认识，切身感受到城市建设者谋求振兴发展的实干担当、心系百姓福祉的不懈创造和不甘人后奋勇争先的精神风貌，日益体验到生活在这个"中国最具幸福感城市"的温馨与惬意。

在大辽河南岸，有一条中西合璧、折射我国北方港口文化和商贸历史的百年老街——辽河老街。辽河老街被誉为东北最早、保存最完整的"百年商埠博物馆"，是探究营口城建史及城建特色的重要历史文化遗存。营口对外通商后，华洋同处、商贸繁荣，成为当时东北经济最繁荣的商贸中心和金融中心，被誉为"关外小上海"。如今辽河老街上还完整地保存着31处有百年以上历史的建筑，移步辽河老街，便能感受到延续百年的都市繁华。

营口因河而生，也因河而兴，因河而美。美丽的大辽河，是营口得天独厚的自然优势。奔流的大辽河，见证了百年营口的历史变迁。一位"老营口"告诉我，原先的大辽河南岸老旧平房无数，窄巷泥道遍布，码头、仓库、工厂、学校，杂乱无序，把优越的河海生态资源、丰富的历史文化遗存和优美辽阔的滨水景观都遮蔽起来了，成为令人摇头叹息的"遗珠之地"。

百姓有期盼，政府有作为，政协有行动。营口市委、市政府接地气、顺民意，高标准规划建设辽河文化产业带，提质升级大辽河沿线，提供滨水公共服务空间，挖掘、保护工业遗产和历史遗迹，发展文化旅游产业，提升市民生活品质……营口市政协也紧紧围绕"高质量打造辽河文化产业带"这一课题，扎实开展视察调研、协商议政等活动，将提出的"抓好文化保护传承，彰显城市时代韵味""统筹推进产业协同发展，培育新的经济增长点"等建议，转化为增进民生福祉、提升城市品位、促进振兴突破的务实举措。

在大辽河畔，伴着夕阳余晖，红旗广场、平安广场人头攒动，乐曲悠扬。喜欢热闹的，可以去唱歌、跳舞、打篮球；喜欢安静的，可以去长廊小坐，放空头脑，看着别人放风筝。每当这时，不禁令人想起一句话："喜欢自然的诚实，四季的守信。"沿辽河南岸走走，感受风从海上来的感觉，何尝不是对灵魂的慰藉？

辽河文化产业带

辽河老街西侧的新开发景点现在更是市民和游客的"打卡地"：在渔市码头，你能体会渔民生活，品尝美味海鲜；在玻璃栈道，你能仰观蓝天白云，俯瞰潮涨潮落；在潜龙乐园，你能碧水泛舟，烧烤露营……这种乐在其中的酣畅、忙中偷闲的舒适、物我两忘的淡然，是其他地方难以体会的。

如今，辽河文化产业带上的城市规划馆、博物馆、美术馆、市民活动中心建设等项目已经启动，总长度42公里、总面积55平方公里的壮美画卷宏图渐展，美丽的大辽河日益焕发光彩。绿色作底、文化赋能、活力迸发的辽河文化产业带，正在成为新时代河海营口的亮丽名片！

（作者系辽宁省政协委员，营口市政协党组书记、主席）

来铁岭，赴一场美丽的邂逅

杨祖民

　　我和铁岭的邂逅来自奇妙的机缘。2014 年，我受中利集团委派，从老家苏州来到铁岭，负责公司的在辽业务。从初来的懵懂陌生，到事业不断发展壮大，我渐渐爱上了这片土地，真真切切地把这里当成"第二故乡"。

　　刚来铁岭时，很多老友问我，铁岭和广州、苏州相比，气候条件、物质条件和风俗习惯都大不相同，能适应吗？我总是信心满满地回复他们："给我时间，我会用行动给你们一个答案！"在我看来，铁岭有着得天独厚的黑土地资源、水资源和光照条件，更有让我感到暖心安心的营商环境，是个干事创业的好地方。

　　在铁岭开展业务期间，集团在铁岭县蔡牛镇大青水库投资建设了70 兆瓦光伏电站，成为省内单体规模最大的"渔光互补"项目。我瞄准机会，成立辽宁铁淮水产科技有限公司和鹏辉新能源科技有限公司，重新对水库 2200 亩水面面积进行规划。项目伊始，我首先对水质进行生态净化，因为对养殖行业不熟悉，我遇到了很多困难，边"交学费"边拓展学习，同时，扩大养殖范围，投放螃蟹苗 3 万斤，包括鲢鱼、鳙鱼、草鱼、鲤鱼在内的"四大家鱼"鱼苗 1000 万尾……

　　最忙时，我连续半个月在水库边的村子里吃住，天一亮就起来，在水库溜达找灵感。村民们也被我的执着打动，从最初的好奇到后来都想帮我出一份力。有时候，我也想给村民们放假，但质朴的村民们一口回绝了，说想跟着我们学手艺致富。就这样，我们在"越努力越幸运"这句话的感召下，将水产精加工这个产业链条不断延伸，研制出手工鱼丸、手工鱼饺、沙家浜爆鱼等鱼产品预制菜。产品受到越来越多客户的喜爱，就连附近的村民也常常买来招待亲友。

2023年1月1日，依托大青水库的"大青渔乐"项目正式运行。"来铁岭，感受冰上火锅的浪漫！"这句口号很快在消费者间流传起来。冰上雪滑梯、水上魔网蹦床、网红云梯等，吸引着众多游客到"宇宙的尽头"来打卡。春暖花开破冰之时，铁岭不少中小学学生也来体验家门口的研学，乘船深度游览大青水库，学习了解光伏发电、生态养殖等相关知识，特别是在学习之余，还能和大自然来一场亲密的接触，体验捞鱼、喂养小动物的乐趣及丰收的快乐。

目前，我们通过渔业光伏立体化综合改造，打造出集光伏发电、水下养殖、休闲垂钓、餐饮旅游于一体的三产融合项目，有效带动了水库周边村民致富，实现了经济社会环境效益多赢。据不完全统计，项目累计固定用工、帮扶残疾人50余人，每月带动家庭增收8000至10000元。特别令我兴奋的是，养殖螃蟹的试验越来越成功。我们已经探索出一条和农户合作、带动农户致富的固定路径——将高质量蟹苗承包给农户进行稻田养殖，再由我们请专家进行养殖培训，其间提供必要的指导和服务，待蟹苗成熟后统一进行销售，在形成规模效益和品牌效益的基础上，提高产业附加值。2023年9月26日，中国农民丰收节暨首届蔡牛螃蟹节启幕，我们和农户也迎来了大丰收——纯生态养殖的河蟹产量达10万斤，单个重量在半斤左右，品质远远超过其他产区！

随着经验的积累，我对未来也越来越有信心，以"强村富民、

33

蔡牛螃蟹大丰收

多元融创、三产融合"的乡村振兴助力辽宁实现全面振兴新突破。从最初的电缆业务到如今的三产融合项目步入正轨，铁岭这座城市带给我的不仅有身在异乡的温暖和推倒重来的勇气，还有沉甸甸的荣誉和责任。在这里，我先后成为市政协委员、省政协委员，在政协的平台积极参政议政。

人生几多奇妙，此前，我从未想过自己会和这座东北小城紧紧相连；此后，我和"第二故乡"的联系已经密切到不可分割。未来，我将在企业家的身份中拓展更多的可能性，将"光伏+"项目广泛应用，最大限度地带动周边居民致富，持续为乡村振兴发力。同时，我也时刻不忘履行自己的社会责任，努力搭建政协委员和群众的桥梁，以实际行动反哺我所热爱的铁岭！

（作者系辽宁省政协委员，辽宁鹏辉新能源有限公司董事长）

辽宁重剑队，扬眉剑出鞘

杨　进

2023 年是辽宁省击剑队建队 50 周年。自 1973 年我省组建击剑队起，经过几代人的努力，辽宁击剑队在国内外大赛中取得了令人瞩目的成绩。其中，李娜、孙玉洁两人获得奥运会冠军，徐佩珍、赵刚、马文波等 20 余人在国内外大赛中夺得 100 多枚金牌。特别是辽宁女子重剑和男子重剑队，多年来为国家队培养和输送了大批优秀人才，多次受到国家及省委、省政府的表彰。

全神贯注，执着训练。辽宁重剑队的赵刚和徐佩珍作为全国知名的教练员，以其卓越的教学才能和人格魅力，为辽宁击剑事业作出了巨大贡献。在辽宁重剑队的培养下，一批批优秀的击剑人才脱颖而出。他们不仅在国内比赛中屡获佳绩，更在国际赛场上展现出较高的水平与竞争力。这一切成就的背后，都离不开辽宁重剑队高强度且科学体系化的训练模式。赵、徐两位教练始终将训练质量和效率放在首位，他们并不只是简单地传授技术，更注重培养选手们的意志品质和奋斗精神。每天从清晨 6 点开始，练到晚上 9 点，几乎没有节假日，在这里，时间仿佛静止了，只有剑光在摩擦中划过的声音。想要在击剑的赛场上脱颖而出，不仅需要才华和技巧，更需要坚实的基本功和毅力。两位教练深知这一点，因此在带队训练时，他们要求自己和队员们将全部力气投入训练当中。

严抠细节，决定成败。在辽宁重剑队，无论是哪个年龄段，哪个技术水平的剑手，都会从最基本的步法开始练起。他们深知，细节决定成败，训练时，每一个动作都必须一丝不苟，力求做到准确无误。对于辽宁击剑队而言，击剑不仅仅是一个运动项目，更是一门艺术、一门技巧的综合体。只有真正全方位地理解、掌握动作，剑手才能在比赛中发挥出超强的得分能力和速度。因此，无论是进攻还是防守，他们都注重细节，力求做到最好。

教练们对待队员们的训练从来都不着急追求进程和完成训练。相反，他们更注重专项提升，补足短板，使每个队员不断进步。他们坚信，只有对每个细节精益求精，队员们才能够在赛场上展现出真正的实力和风采。队员们的辉煌时刻一个接着一个，辽宁重剑队给人们带来了无尽的惊喜，他们的出色表现不仅仅是个人的努力，更是整个集体的心血和智慧的结晶。

内外兼修，从容面对。"没有文化的队伍是愚蠢的队伍，愚蠢的队伍是不能打胜仗的。"主教练赵刚认为，以往计划体制下的运动员在文化学习方面有短板，在一定程度上也严重制约了运动员向更高层次发展，对于新时代的青少年运动员来说，文化学习是成长历程中极为重要的环节。多年来，赵刚要求队中的每一位青年队员注重国学、哲学和心理学学习，正是这种持之以恒的追求和精益求精的执着，铸就了辽宁击剑队的长盛不衰。无论面对怎样的对手，他们都能够凭借稳定的心态和出色的技术迎接挑战。

目前，队中的一批"95后""00后"队员已经挑起大梁，正在队中倾力备战奥运会、全运会。女子重剑队拥有邵文雪、项译宣、余思涵、江慧双等多位重点运动员，男子重剑队以薛洋东、杨丰名、张新堃、于梦想、杨城"五虎将"为代表。他们传承团队的精神和荣耀，如今已义不容辞地肩负起续写辽宁体育辉煌的使命和担当！

（作者系辽宁省政协委员，辽宁省体育局体育事业发展中心体操击剑武术运动管理中心主任）

弘扬科学家精神　讲好辽宁远古故事

陈国宏

中国是世界古生物化石发现大国和研究强国，辽宁古生物化石资源丰富，被称为"世界级化石宝库"。在辽宁，有这样一群人，为了让收藏在古生物博物馆里的文物"活"起来，他们不光想办法让观众走进博物馆，还将古生物化石、展板装进大篷车，将博物馆搬进田间地头、学校社区，在传播古生物学知识的同时，也将科学的种子传播到千家万户——他们就是辽宁古生物博物馆的科学工作者。

坐落于沈阳师范大学校园内的辽宁古生物博物馆，是由辽宁省国土资源厅和沈阳师范大学共建的我国规模最大的古生物博物馆。自开馆之日起，辽宁古生物博物馆就致力于传播科学思想，倡导科学方法，弘扬科学家精神。多年来，辽宁古生物博物馆开展了科普惠民进学校、进社区、进乡村的"三进"工程，送展览、建合作、惠大众，为基层百姓送去一场场古生物科学盛宴。

科普进校园：让科学的种子在孩子们心里扎根

让神秘的古生物走进校园，让同学们了解生命起源与演化的故事，让科学的种子在孩子们心里扎根，这一直是辽宁古生物博物馆的科学工作者的心愿。2013年4月，博物馆第一次走进沈阳市和平区河北二校，开启了科普进校园的进程。十多年来，从最开始给一个班级带去展览、讲座，到如今给上千名师生科普古生物学知

化石展览进校园

识，博物馆利用古生物科研优势和学科特点，已将科学知识送进近百所学校，内容涵盖地质学、古生物学、博物馆学等多门类学科，培养学生学科学、爱科学、用科学的科学精神，增强报效祖国、服务国家的本领。

传授地质学与古生物学、化石保护知识，展出珍贵的古植物、古鱼类、恐龙化石标本，展览鲜活的恐龙、鸟类、古人类复原模型，放映科普电影《会飞的恐龙》……每到一所学校，博物馆就为学生们上一堂科普课，办一场专题展，赠送一套科普图书，放映一场有趣的科普电影。生动的课程内容、丰富的现场展览，将学生带入神秘的古生物世界，让科学的种子在孩子们的心中生根、发芽，茁壮成长。为了建立科普长效机制，博物馆还与99所中小学校建立科普合作关系，成为推动科普工作的有效载体。

科普进社区：解决群众一公里，科普教育零距离

在沈阳牡丹社区，有一个"恐龙学院"，展示博物馆珍藏的辽宁地区精品化石，介绍中生代海生爬行动物，带领学生制作菊石化石模型，了解神奇的远古世界……辽宁古生物博物馆举办的"恐龙学

院"将公益性课外体验活动带进了社区，深受社区居民特别是小朋友的欢迎。

2013年起，辽宁古生物博物馆就开展了"解决群众一公里，科普教育零距离"科普进社区工程，使公共文化服务扎根群众。社区活动大多定在周末，博物馆员工利用休息时间，自费租借大客车，携带珍贵的化石标本、宣传展板、宣传册、展示模型来到社区，一些老教授也积极参与其中，将化石保护、生命演化等知识传递给大众。十年来，博物馆已深入25个社区，通过送展览、开讲座、做交流，为社区居民送去知识，深受群众欢迎。

科普进乡村：文化振兴乡村　科普精准扶贫

从2015年起，辽宁古生物博物馆开展"文化振兴乡村，科普精准扶贫"科普进乡村工程，用文化扶贫助力脱贫攻坚战。

"科普大篷车"载着专业科普团队与志愿者队伍，带着馆藏精品化石、化石展板和科普图书，深入学校，为乡村的学生送去科普知识；深入田间地头，与乡镇干部和村民面对面交流，将种植养殖、病虫害防治、矿石开采、文创产品开发、文物鉴别等方面的知识带给村民。目前，博物馆的"科普大篷车"已深入丹东大梨树、抚顺新宾等7个城市的12个乡村开展科普扶贫，大大丰富了当地村民和孩子的文化生活。

十年科普路，星火遍辽宁。辽宁古生物博物馆的"科普惠民'三进'工程"，在让文物"活起来"的同时，也更好地满足了广大群众，特别是青少年对知识的渴望，对文化的需求。2022年，辽宁古生物博物馆的"科普惠民'三进'工程"系列科普教育活动项目成功入选"全国文博社教百强案例"。

行程万里，不忘初心。未来，辽宁古生物博物馆的科学工作者将继续用脚步丈量祖国大地，不断开展各类科普活动，不仅让文物在博物馆内绽放光彩，还要让文物和与之相关的历史文化被更多人知晓，满足人民群众不断增长的多样化精神文化需求，助力辽宁实现全面振兴新突破。

（作者系辽宁省政协委员，沈阳师范大学管理学院发展与研究中心主任）

"一带一路"看辽宁，
3.8万吨鞍钢钢轨铺就雅万高铁

钟莉莉

2023年10月2日，中国与印度尼西亚合作建设的雅加达至万隆的高速铁路正式启用。全长142.3公里的雅万高铁所用的3.8万吨钢轨全部来自鞍钢集团。作为中印尼两国高度关注的共建"一带一路"旗舰项目，雅万高铁让"千岛之国"印尼迈入高铁时代，为印尼经济发展带来加速度，成为一条全面服务于印尼人民的发展之路、民生之路、共赢之路。

3.8万吨钢轨铺就新"丝绸之路"

作为"一带一路"倡议的标志性项目和"海上丝绸之路"的重要一环，项目由中国和印尼两国领导人共同确认和推动，成为中国高铁全系统、全要素、全生产链走出国门的"第一单"。

鞍钢拿下钢轨这一单并非易事。这个东南亚首条高铁项目发布后，立刻成为全世界钢轨生产企业全力争夺的焦点。鞍钢集团勇担央企职责使命，立足于全球市场做大、做精、做强鞍钢钢轨，积极参与项目竞标。鞍钢集团领导全力抓产品出口，带队走访了解市场和用户，主动介入供销两端。组建集团级重轨攻关队、生产单位——攀钢钒轨梁厂主要领导挂帅，鞍钢国贸攀枝花进出口部与广西北部湾国际港务集团旗下防城港码头公司等单位成立联合工作组，不断探索、优化、完善作业工艺，在竞标之前就为客户量身定制了整套方案。最终，鞍钢钢轨凭借能够满足塞北风区、岭南山川、东北雪原、江南水乡等多种环境需求，助力中国高铁创造出最高运营时速、最低运营温度等世界纪录的过硬品质，获得建设项目方的青睐。

2019 年 1 月，鞍钢钢轨以优异的品质、最佳的技术营销服务和可行的物流运输解决方案赢得雅万高铁项目全部供轨合同，钢轨总量达 3.8 万吨。2022 年 4 月 22 日，随着第一根长轨在印尼万隆县雅万高铁动车走行线顺利铺设，雅万高铁正式启动铺轨工作。来自攀钢的一万一千余根钢轨陆续运抵雅万高铁沿线，铺就这条意义非凡的"友谊之路"。

实现中国标准高速铁路专用长定尺钢轨首次规模化出口

从 PD1 到 PG5，从普轨到时速 350 公里的高速轨，鞍钢钢轨的每一次迭代升级都是技术创新的结果。当人们乘坐着安全、舒适、便捷的"和谐号""复兴号"时，很少有人知道，默默无言的鞍钢钢轨锻造于火红的钢花中，它用自己独有的硬度、平直度……擎起飞驰的高铁，见证了中国高铁事业的成长。

"这是国内第一条万能生产线，也是国内第一条百米钢轨生产线和数字化钢轨生产线。供货雅万高铁的 3.8 万吨铁路钢轨由这条产线生产，全部为 100 米长定尺钢轨。这是中国标准高速铁路专用长定尺钢轨首次规模化出口海外。首批供雅万高铁项目的近 4000 吨百米长定尺钢轨全部通过中国铁科院等单位的质量检验，产品性能和

攀钢钒轨梁厂百米长定尺钢轨生产现场

质量达到国际一流水平。"鞍钢国贸攀枝花进出口部负责人介绍道。

目前，国际上的铁路钢轨长度规格大多为 25 米。越长的钢轨焊接点越少，乘车体验也就越舒适。但对钢轨制造来说，钢轨越长越容易变形，对平直度和表面平整度等指标要求也越高。"即便是钢轨表面存在肉眼难见的细小颗粒，也将直接影响飞速运行的高铁安全。"攀钢钒轨梁厂生产技术室主任吕攀峰介绍道，"我们生产的 100 米长定尺钢轨，偏差不超过 0.1 毫米，代表着国际最高水平。"

为确保钢轨产品质量，展现鞍钢品牌形象，在生产雅万高铁专用 100 米钢轨时，攀钢钒轨梁厂自我加压，精益求精，以更严要求抓生产。"每条钢轨下线前，都将通过 3D 设备检测。"在该厂设备室主任王小龙说话间，一条正待下线的百米钢轨已先后接受激光、涡流探伤、超声波、图像识别等多种检测。这套设备的钢轨质量缺陷检出率高达 99.5% 以上。

"雅万高铁用轨全系列共 9 个品种，为了做好供货工作，我们按照时速 350 公里用轨标准来生产，采用最严格的内控要求进行制造，并在焊接及使用技术等方面提供整体服务。"攀钢钒轨梁厂负责人说。

创造特长钢轨装船出海的历史

2020 年 11 月 28 日上午 10 时 30 分，伴随着洪亮的轮船鸣笛声，广西北部湾港防城港6号泊位礼花冲天，由攀钢及广西北部湾国际港务集团共同主办的雅万高铁长定尺钢轨出口首航仪式正在这里举行。只见"大富"轮上两台船用克令吊同时启动，7支钢轨被缓缓吊起，平稳铺放在船舱预定货位。看着面前的首批雅万高铁钢轨即将启航出海，攀钢钒轨梁厂钢轨质量检查工李江几度哽咽："没想到，我有生之年能看到这么壮观的场景，作为一名鞍钢人，我感到非常骄傲。"

"此次雅万高铁钢轨的出口是我国首次出口长定尺钢轨，创造了特长钢轨装船出海的历史。"至今，提起几年前的出口仪式，鞍钢国贸攀枝花进出口部门负责人依然感慨万千，"为加快装船效率，我们与防城港码头公司等单位组建专业团队进行技术攻关，制订多个海运、陆运和装卸方案，配合相关单位，对防城港港口基础设施进行升级改造，解决了长定尺钢轨港口场地施工改造和港口吊装设备的设计、施工、倒运等多项难题，突破了国内长定尺钢难题。"

当鞍钢钢轨铺设在印尼的土地上时，人们看到了中国践行共商共建共享原则的坚定，也看到共建"一带一路"跨越不同地域、不同文明、不同发展阶段，推动各国共同发展的生动实践。

乘着"一带一路"的东风，鞍钢钢轨已在沿线国家和地区"安家落户"，为当地铺就一条条名副其实的幸福路，为推动共建"一带一路"高质量发展、构建人类命运共同体奠定扎实物质基础，贡献鞍钢力量。一个开放包容、互利共赢的美好未来渐行渐近，令人期待！

（作者系辽宁省政协委员，鞍钢集团钢铁研究院二级研究员）

这束光，照进了盘锦失能老人的卧病生活

陈　迅

中国老龄科学研究中心发布的报告显示：截至 2022 年年末，我国 60 岁及以上老年人达到 2.8 亿，其中失能、半失能老人大约有 4400 万。"一人失能，全家失衡。"随着社会老龄化程度的加剧，失能老人的照护问题日渐突出。老人遭受身心折磨，家庭也增添巨大压力。

在辽宁盘锦，被称为社保第六险的"长护险"的实施，成为照进重度失能老人卧病生活中的一束光。"长护险"重点解决重度失能人员的基本生活照料和医疗护理所需费用，提高失能人员的生活质量。相关机构派出专业护工为失能老人做护理，费用由"长护险"支付，受到失能老人及家属的广泛欢迎。

夏日的清晨，护理员刘文山来到天格东湖湾小区，帮助患有阿尔茨海默病、脑血栓等多种慢性疾病的梁大爷洗漱、喂饭、清洗身体，让梁大爷在一身清爽中迎来了新的一天。"幸亏有了'长护险'，我们才能享受到这么专业的护理服务，我们照顾老梁的压力小了不少。"梁大爷的老伴儿感激地说。

梁大爷是盘锦市实施"长护险"政策后的第一批受益者，由于多种疾病引起的并发症，梁大爷长期处于卧床状态，导致肢体各关

"长护险"护理员为失能老人服务

节僵硬、肌肉萎缩，由于不能自主翻身，他的皮肤也出现了破损。自从梁大爷开始享受"长护险"后，护理员刘师傅每次上门服务时都会帮梁大爷做关节被动训练，对萎缩的肌肉进行强化训练，清洁身体也促进了破损皮肤的愈合。

与选择居家护理的梁大爷不同，另一位"长护险"的受益者、74岁的姚俊起老人选择在康养服务中心安享晚年。护理员24小时陪伴在老人身边，给老人进行温水擦浴、协助进食、翻身叩背等护理，另外还有理疗、足疗等按摩服务，帮助老人消除疲惫。

"长护险"是长期护理险的简称，又被称为养老、医疗、工伤、失业、生育五项社会保险之外的"社保第六险"，就是当被保险人年老患病、丧失生活能力时，能为其提供生活照料，比如沐浴、护理、换药等服务的一种保险。2016年，我国启动实施长期护理保险试点。2020年，盘锦市加入国家第二批"长护险"试点，成为辽宁省第一个试点城市。

盘锦市享受"长护险"护理服务的失能人员，可以在家里接受护理服务，也可在医养照护机构享受照料和护理。参加"长护险"

的失能人员，经专业机构进行失能等级评估后，达到重度失能一级、二级、三级的人员，即可享受"长护险"的相应待遇。重度失能一级时月限额为 2350 元，重度失能二级时月限额为 2010 元，重度失能三级时月限额为 1680 元。

在经办模式上，盘锦市"长护险"采用由 1 家商业保险公司主承办、6 家参与承办的模式。组建经办服务团队，在盘锦市长期护理保险服务中心集中办公，为失能参保人提供申请受理、服务变更、业务咨询等现场经办服务，有效解决了医保经办机构在"长护险"经办过程中的人员不足问题，让更多商业保险公司作为第三方机构参与试点经办服务并积累经验。

2021 年 7 月 1 日起，盘锦市"长护险"制度正式实施，参保人开始享受政策待遇。两年来，"长护险"的效果如何？为参保人带来了哪些帮助？经过近两年的不间断护理，第一批享受"长护险"的梁大爷的各大关节已经可以活动，肌肉萎缩的问题也得到了缓解，再也没有出现皮肤破损的情况，极大地提高了生活质量。选择在康养服务中心养老的姚俊起老人也因为"长护险"抵扣了一部分入住护理费用，大大减轻了经济负担……目前，盘锦市长护险参保人数达到 56.1 万人，已有 5302 名重度失能人员享受到了"长护险"待遇，盘锦市"长护保障网"正不断织牢织密。

"长护险"助力越来越多的老人体面养老，让盘锦这座城市更加温暖宜居！

（作者系辽宁省政协委员，农工党盘锦市委会主委）

辽宁康养事业的发展之路

陈　珂

　　山林连绵，绿荫葱茏。辽宁素有"六山一水三分田"之称，森林资源丰饶，处处都有"天然氧吧"。作为一名农科人，我与我的学生将目光聚焦在森林康养这一既有助于乡村振兴，又能托起百姓健康梦的绿色产业，我们走遍大小深山密林，寻访这片土地上的森林康养之乡，探索大美辽宁背景下康养事业的发展之路。

　　2016 年以来，辽宁森林康养产业迎来里程碑式"突破"，本溪市桓仁满族自治县枫林谷森林公园、大连大道森林康养基地等 20 余家单位相继入选全国森林康养基地试点建设单位……如今，这些森林康养基地发展如何？辽宁的森林康养产业前景怎样，又该如何推动开发，进而带动乡村振兴，促使人们享受健康的生活方式，实现健康辽宁？带着这些问题，我们师生一行 16 人，驱车 5000 多公里，深入全省各市森林景区，与景区负责人、当地农户、康养人群和外地游客进行面对面的交流，了解他们的康养体验、所需所想、所盼所求。调研覆盖沈阳、本溪、阜新三地居民，以及全省 7 个康养基地的游客，收集到一千多份调查问卷。这次调研让同学们大开眼界，家住阜新的李润泽同学感慨："作为一名生长在辽西的辽宁人，我第一次进入三块石国家森林公园，眼前的景色颠覆了我对于东北景区原本的想象，东北的自然风景原来也可以这么美。"

秋意渐浓，枫林谷的大山格外清凉，这个坐落于本溪桓仁满族自治县的旅游度假景区，凭借"森林、溪水、氧吧、枫叶"的独特资源，成为辽宁的著名国家级森林康养基地。我在这里遇到了一位看似50多岁、实际67岁的大爷，他非常激动地向我们竖起了大拇指，声音洪亮地说："别看我年纪大，我的身体非常棒，这得益于我年轻的时候只要有时间就来大森林。没有哪种健康养生方式能比得上大自然的疗养效果，能让我忘记所有烦恼。我建议年轻人多来森林康养，这样全民健康水平就能提高了。""枫林谷以枫为名，很多人以为只是赏枫胜地，其实忽略了我们还是中国森林氧吧。"当地工作人员介绍，盛夏时节，枫林谷的平均气温只有20℃左右，空气中的负氧离子含量平均每立方厘米3万个，景区内的"九叠飞瀑"附近瞬时值可达10万个，这里的森林覆盖率高达98.75%，是名副其实的森林氧吧和避暑胜地。

依托森林康养产业，枫林谷景区得到了快速发展，也直接催生了当地百姓的致富门路，距景区1.2公里的和平村就开设了56家农家乐，每户年均增收3万元。森林康养的理念一天天深入人心，带动当地百姓迈向共同富裕，人们真正体会到了"绿水青山就是金山银山"的深刻内涵。

在阜新海棠山国家森林公园，我遇到一位42岁的科研工作者，在了解到我国森林康养的发展历程后，他激动地对我说："都说森林康养起源于德国，但中国的传统文化中早就蕴含了森林康养的理念，如法家提倡森林中的五种香草，使人少病且不易衰老；儒家倡导热爱森林和树木，以松柏之抗寒为喻，勉励人常怀坚贞之节；佛家和

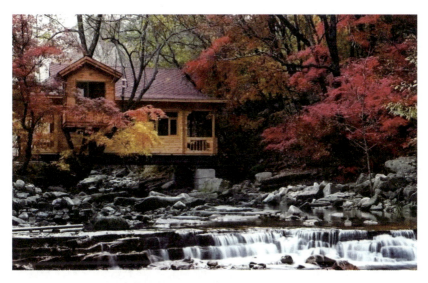

枫林谷森林康养基地

道家的修炼、修身和居食医药也都离不开森林。"

除了带给人身心的放松，促进身体的自我修复，森林康养也成为人与自然和谐共生的载体，让人们以新的方式"靠山吃山，靠水吃水"。个体经营者赵忠波向我介绍："依靠枫林谷康养基地，老百姓真正过上了好日子，不用离乡到外地打工了。从今年'五一'开始，我家平均每天接待上百人就餐，到了周末，50 多个床位都不够住。"

践行"两山"理念，书写一幅"生态美、百姓富"的动人画卷。这些年，辽宁充分利用森林资源丰富的显著优势，推动旅游业、住宿餐饮业、医疗服务业、养老产业的融合发展。但在调研中，我也发现森林康养基地在交通不够发达、人们的消费观念相对保守等原因的影响下，其发展也经历着循序渐进的过程。

我相信，随着政府部门不断出台更多帮扶政策，在交通和配套设施方面给予更多有效支持，必将带动更多人走进森林，享受美好自然，进而推动辽宁的森林生态资源发挥更大效用，让绿水青山绘就乡村振兴的"金山银山"。

（作者系辽宁省政协委员，沈阳农业大学经济管理学院教授）

大格田，一字沟，"绕阳模式"助丰收

杨春风

盘锦受海洋、湿地的共同作用，形成了独特的生态环境，构成了滨海湿地复合的生态系统，为生产优质、生态的稻米提供了得天独厚的条件。金秋十月，也正是河蟹的育肥期。在"稻蟹共生"的田里，稻香蟹肥，一片片水稻随风飘舞，稻穗金黄饱满，河蟹在田地里爬行。

在盘锦绕阳农业科技发展有限公司的国家级稻渔综合种养示范区里，农工们动作娴熟地将提前放置好的网具逐一从水中捞起，鲜活体壮的河蟹经过分拣、装箱，销往全国各地。多年来，一批具有示范性意义的农业科技创新成果在这里落地见效，"绕阳模式"便是其中一种。所谓"绕阳模式"，是在稻田养蟹的基础上，升级改造了"大格田，一字沟"。

2016 年，示范区借鉴南方池塘的环沟养蟹技术，对稻田进行改造，两三条田合为一体，形成一大格。原来的上下水线被四周更宽更深的环沟取代，环沟水满沟深，不仅可以养更多河蟹，还实现了与经济收益更高的红螯螯虾等水产品种的套养。大格田相较于传统小格田更加适合机械化播种，也更利于水稻提质增量。在传统的水稻种植田间，除去原有的小堤埂、上下水线，将一亩一格的小格田平整为 20 亩一格的大格田。同时，将蟹苗置于一字沟中，提前入水，成熟时的河蟹可多脱壳 1~2 次。这种稻渔综合种养创新模式不仅有利于田间机械化作业，方便田间管理，而且可以实现鱼虾蟹

稻蟹共生田地

类的提前放养，使稻渔产量和质量均得到较大提升。

稻蟹混养，螃蟹会大量吃地里的害虫，这样大大减少了化肥和农药的使用。而河蟹的粪便排泄物是非常好的天然肥料，对于水稻来说非常有益。稻蟹共生，形成一条完整的生物链，不仅提高了资源利用率，增加了农民收入，而且使生态环境得到了改善，也为生产优质生态稻米提供了良好的条件。

在辽宁省农业科学院专家看来，"大格田一字沟"模式通过采用立体养殖、生态防虫防病、低碳环保、绿色生态等方法，能够生产出药食同源、健康、优质的霜落大米和河蟹等鱼虾蟹稻产品，不仅为消费者提供了更优质的健康食品，同时也有利于提升盘锦地区大米河蟹的品牌价值。

2023 年，示范区投放红螯螯虾 8 万尾、蟹苗 500 万只，并与省农科院合作开展瓦氏雅罗鱼、红螯螯虾、河蟹套养增效技术的研究与应用，实现了鱼、虾、蟹、稻共生，不仅提升了土地利用率，各类水产品产量也比往年有所提高。产品上市以来，供不应求。仅中秋节期间，公司就通过线上线下销售红螯螯虾 3000 公斤、河蟹 12.5 吨。

目前，示范区通过稻渔综合种养模式的推广，带动周边 300 余

户农民共同吃上了"产业饭"，在乡村振兴中获得了实实在在的红利。示范区还设立了辽宁盘山稻渔科技小院，与中国农业科学院、中国农业大学、中国淡水研究中心、辽宁省农业科学院、辽宁省淡水院等科研机构进行技术合作，今后将深入开展让"米更香、蟹更肥"的创新实践。

 碱地生，蟹田长，
 一季稻，四季香，
 盘锦大米，香飘万里！

曾经的东北"北大荒"成为如今的"米粮仓"。一幅"鱼虾蟹稻，立体养殖，低碳环保，绿色生态"的美丽画卷在盘锦稻田间徐徐展开……

（作者系辽宁省政协委员，盘锦作家协会主席）

走进牛河梁遗址，探寻五千年文明的曙光

王轩龙

牛河梁遗址坐落于朝阳市，在这里出土了大量珍贵文物，见证了中华文明的起源与古代人民的智慧，它的故事仿佛一把钥匙，揭开了中华民族五千多年文化的奥秘。著名考古学家苏秉琦先生曾说："如果说整个中国文明发展历史是一部交响曲，辽西的古文明则是它的序曲。"让我们共同走进牛河梁遗址，探寻五千年文明的曙光。

一个"笔筒"引出红山文化遗址

时间回到1981年，辽宁省文物普查在朝阳市建平县进行，全县32个公社文化站长在一起培训，业务负责人辽宁省博物馆考古专家郭大顺亲自授课。

一次课间休息时，富山乡文化站长赵文彦反映，马家沟生产队队长马龙图家有一个"笔筒"，很像培训中描述的红山文化玉器。这个信息让郭大顺一下子来了精神。第二天培训刚一结束，郭大顺就与赵文彦等人骑自行车赶到了县城以西十五里的富山乡马家沟生产队队长马龙图家。一进屋，郭大顺就看到了柜面上摆放着一个似笔

筒又不是笔筒的筒状器物，里面真的插着几支笔。郭大顺上前拿起"笔筒"仔细端详着。"这哪是什么笔筒？这正是我们在朝阳苦苦寻找的红山文化玉器中最重要的一类——马蹄状玉箍，即玉斜口筒形器!"郭大顺高兴地说。马龙图听说这是文物，二话没说，立马表示把它捐给国家。一位邻居还说："在不远处有几处乱坟岗子，堆着石头，还有人的骨头，瓦盆碴子。"说者无心，听者有意，郭大顺根据多年的考古经验，马上意识到，这是一处古墓葬，也许就是考古队苦苦追寻的红山文化积石冢。

所谓"积石冢"，是古代的一种墓葬，就是石砌的坟。中国古人把隆起的坟包称为"冢"，因此，考古学家便把用石块堆积起来的红山文化墓葬形式称为"积石冢"。经过调查询问，这个被村民称为"乱坟岗子"的地方就在朝阳市凌源市与建平县交界处的一座山岗上。接下来的几天，考古工作者集中在附近寻起了"宝"。先是在一条沟边发现了人骨，然后顺藤摸瓜发现了一座墓葬。随着考古发掘工作的进展，遗址的面纱被逐步揭开。

一只玉镯将中华文明史提前了一千多年

墓为石棺，单人仰身直肢葬，人骨保存较完好。考古人员惊喜地发现，在墓主人左颅骨头顶部，隐约露出一弯白玉，用竹签拨去泥土，用刷子刷去土渣，一个大玉环展露在大家面前。这是牛河梁红山文化遗址里程碑式的第一挖，这也是第一次有了牛河梁红山文化玉器在墓葬中出土情况的资料。这个遗址点后来被编号为牛河梁遗址第二地点，这座墓被编为第二地点第1号冢第1号墓。

牛河梁红山文化遗址是迄今发现的规模最大、构成最为复杂的红山文化祭祀与墓葬中心，集中反映出红山文化晚期空前的社会组织能力和独特的文化面貌。遗址由积石冢群、祭坛、"女神庙"、大型土石丘等共同构成一个独立于居住区外、规模宏大的史前祭祀与墓葬遗址群，出土了大量精美的玉器、石器、陶器和骨器。确凿的考古实物证明，在5000多年前，西辽河、大凌河流域曾经存在过一个具有国家雏形的原始文明社会。

红山文化遗址的发现，为夏代以前的历史找到了实物依据，是研究中华文明起源特征的又一重要实证，进一步证实了中华文明多元、一体的格局。我国现代考古学家苏秉琦曾指出："红山文化坛、庙、冢三种遗址的发现，代表了我国北方地区史前文化发展的最高水平，从这里，我们看到了中华五千年文明的曙光。"将有据可查的中华文明史提前了1000多年，并将中华文明起源研究从黄河流域扩大到燕山以北的西辽河、大凌河流域。对研究中国上古时代社会发展史、思想史、宗教史、建筑史、美术史发挥了重要作用。

牛河梁红山文化遗址展示出红山文化独特的精神崇拜、祭祀和墓葬习俗，而红山文化是新石器晚期中国北方农牧过渡地带的史前社会时期文明，是中华文明历史中的标志性的节点，标志着中华文明起源曙光的初现。遗址展现出红山文化对于精神信仰的突出追求，使其在世界新石器考古学文化中具有鲜明的独特性。遗址证实了宗教仪式在红山文化中的重要地位，表现出了鲜明的女神崇拜信仰、差异化的墓葬形制，以及独特的唯玉为葬习俗，说明了中华民族自古以来的精神追求。

值得一提的是，考古工作在女神庙所在的第一地点发现了大型的土石混筑台基建筑群，其利用自然山势，通过垫土、铺石等方式实现对山体的改造，充分显示了红山社会认识和改造环境的能力，大型工程建筑的兴建展示了红山社会的动员和组织能力，中轴对称建筑群及导排水设施的建设则是红山时期科技发展水平的重要体现。

牛河梁遗址经过 40 多年考古发掘，大量的考古迹象表明，红山文化时期的社会结构已经具备了早期国家的基本特点，跨入了古国阶段，进入了红山文明时代，牛河梁遗址展示了辽河流域由古国—方国—帝国的文明起源与发展历程，证明了生活在五千多年前的红山先民已经在中华大地上率先推开了文明大门，开始了原始

牛河梁红山女神头像

的文明之旅，从这里，我们看见了中华五千多年文明的曙光。

（作者系辽宁省政协委员，朝阳市牛河梁遗址管理处处长）

辽宁的"国字头"李和杏

刘 志

李和杏是我国的本土水果，但长期以来，由于育种技术落后，我国的李、杏市场几乎被国外引进的"黑布林""金太阳"等品种占据。打破这一被动局面的，是辽宁省果树研究所国家级李杏资源圃培育的新一代李、杏品种。"国丰""国馨""国色天香""国之鲜"……果树研究所自主培育的新一代李、杏系列品种都以"国"字命名，这是"果树人"表达家国情怀的方式。

"国"字头李、杏系列新品种突破重围有一番故事，也是一群"果树人"服务"三农"、科技报国的故事。

接力奔跑：半个世纪建"农业芯片"库

种质资源就是种子基因，堪称"农业芯片"，是培育新品种的材料，是综合国力的重要体现。李、杏种质资源的收集、保存、挖掘和利用，对保障生态安全、助力乡村振兴具有战略意义。

辽宁省农科院果树研究所国家级李杏资源圃位于辽东湾畔的熊岳古镇，在李、杏种质资源研究与育种利用方面处于国际领先水平。这里保存着来自全世界的李、杏种质资源1600余份，是我国唯一保

国家级李杏种质资源圃

存李、杏资源的专业圃，也是世界上保存李、杏资源份数最多、最具多样性的资源圃，被誉为世界最大的李、杏田间基因库，为我国乃至世界的李、杏研究创新和品种创制提供了重要材料。

丰富的李、杏种质资源，是辽宁省果树研究所两代科研人员努力的结果。稀有的基因资源往往分布于乡野山间，这些地方交通不便，人迹罕至。为了考察、收集更多的珍稀、濒危、特异李、杏种质资源，走"最远的路"成了科研人员的必修课。农业有严格的生产周期，收集工作就是与时间赛跑，对于科研人员来说，天不亮出发，"伸手不见五指"才收工是常态。就是这样，两代人接力奔跑了半个世纪，才有了现在李杏种质资源圃的规模。

突出重围："国"字头李、杏闯出希望之路

辽宁省果树科学研究所党委书记、所长刘威生是果树所的第一

位硕士。1991年，这位刚刚从黄土高原上走出的"憨哥哥"，怀抱着科技报国、服务"三农"的初心，扎根在熊岳小镇。2000年，刘威生成为辽宁农科院果树所李杏课题组的组长，立志要带领团队培育出具有自主知识产权和市场竞争力的优质李、杏，为我国李、杏园艺化种植、产业规模化发展作出贡献。

当时我国李、杏种植规模超过5000万亩，在西北部地区，种植的都是本土李、杏品种，这些品种味道很好，适应性也强，但成熟后果肉较软，不方便保存和运输，外观不鲜，稳产性不好，在市场上不具有竞争力；在东部沿海地区，"黑布林"李、"金太阳"杏等国外品种逐渐成为主栽品种，其普遍特征是个头大、果肉较硬、耐贮运、着色好、丰产稳产性好，但存在鲜食品质欠佳、抗病性差等明显缺点，亦不能满足市场需求。

针对缺少优质当家李、杏品种这一"卡脖子"问题，刘威生带领团队，梳理本土品种和国外品种特性规律，理清果肉软化机理，发掘决定果肉硬度的基因，研制促使杂交种子快速成苗的方法，创制树苗特定种植方式、整形修剪等妙招……在对李、杏种质资源精准评价的基础上，挑选出适应性强、风味浓郁的本土品种，与国外引进的李、杏品种结成各种组合，进行杂交试验。

俗话说"十年树木"，果树育种要经历漫长的阶段。历经20余年的不懈努力，刘威生和他的团队共配制李、杏杂交组合152个，获得杂交苗9440余株，成功选育出9个具有自主知识产权的新品种，并获国家植物新品种保护权。新一代李、杏品种，集"父母"的优点于一身，个头大、颜色艳丽、风味浓郁，并且果肉较硬，便于储存和运输，货架期从原本的一周延长到了一个月，深受国内外市场的欢迎。

以"国馨"李、"国色天香"李、"国之鲜"杏、"国丰"杏为代表的"国"字头的中国李、杏终于突出了重围，闯出了一条充满希望的道路。

服务"三农"：李、杏成了"摇钱树"和"致富果"

李、杏生性"乐山"，不占平肥地，耐干旱，耐寒冷，不惧风沙，在生态脆弱地区尤显其旺盛的生命力。

辽西北的北票市年平均降水量为100~200毫米，降水量与南疆塔克拉玛干沙漠边缘地区相当，在省果树研究所的技术支持下，这里的800亩荒山秃岭种植了刘威生团队培育的"国之鲜"杏，不毛之地变身杏林花海，春天有"杏花节"，夏天有采摘节，"杏府生态庄园"成为远近闻名的生态旅游品牌。当地的种植户说："好管理，卖价高，'国之鲜'杏子的收入是一般果树的5~10倍。"葫芦岛兴城市药王乡李子种植户杜丙艳在给果研所的感谢信中说："四年间，家里的百亩山坡梯田变成了郁郁葱葱的果园，李、杏产业已成为兴城市特色农业产业。"

在四川攀枝花海拔1800米以上的彝族聚居区，刘威生团队的杏成为当地实现"绿水青山就是金山银山"的一大法宝。在"天无三日晴，地无三尺平"的贵州安顺，刘威生团队的"国峰"李已覆盖了逾万亩荒山。重庆市巫山县委曾专门派人到辽宁果研所，邀请刘威生等人去巫山县协助规划、指导当地脆李产业的发展，在辽宁果研所的指导下，巫山脆李成了当地的"摇钱树"和"致富果"。

30多年来，刘威生和他的团队一路拼搏、一路逐梦，将忠诚与梦想绽放在李、杏枝头。如今，已年近花甲的刘威生仍在为李、杏种质资源研究与育种利用到处奔忙，以刘威生为代表的辽宁农业科学家的拳拳报国之心，就如同李、杏枝头的累累硕果那样红、那样艳……

（作者系辽宁省政协委员，辽宁省果树科学研究所仁果研究中心主任）

守护 "格桑花"

赵海涛

　　格桑花，生长在雪域高原，是一种极普通的花，看起来弱不禁风，但风愈狂愈挺，雨愈打愈艳，太阳愈晒开得愈灿烂！沈阳市第十一中学，有西藏生 166 人，他们就像 166 株格桑花，从雪域高原来到沈水岸边。他们在这里安稳地扎下了根，健康地成长，绚丽地绽放……

　　沈阳市第十一中学西藏班成立于 2002 年，对孩子们来说，校园

沈阳市第十一中学西藏班

64

就是家。为了照顾好学生们的学习和生活，学校成立了一支特殊的团队"格桑花的守护者"。回溯过往，我们与西藏班的学生们朝夕相处，一年365天，一天24小时，每周5天工作日+2天休息日，大家也因此称呼我们为"36524部队"或"5+2工程队"。

超越语言的纽带

2014年3月的一个星期六，办公室一个电话传来了噩耗，我们班学生次央的父亲病故了。电话是次央家所在村的支部书记打来的，因为次央一家除了在内地上学的次央外，没人会说汉语，也不知道该怎样和孩子讲这件事，担心她承受不了。所以，次央的妈妈委托村支书给我打电话，想请求我帮忙把这件事情告诉孩子。在三年的接触中，我知道次央与父亲的感情非常深厚，为了不让孩子受到太大刺激，我精心选择谈话的时间、地点，就连用什么语气、怎样说，都一字一句地斟酌好。即便如此，当次央知道父亲病逝的噩耗时，依旧无法承受，失声痛哭。看着孩子绝望无助、几近崩溃的样子，我更加坚定了要照顾好他们的决心！

在老师们的悉心关爱和同学们的温暖陪伴下，次央渐渐从失去亲人的痛苦中走了出来。这份师生情缘也给次央的人生带来了很大改变。后来，她通过自己的努力光荣地成为一名人民教师。她说："老师这份职业是神圣的，我也要成为这份神圣职业中的一员，把爱传递下去。"

牵动人心的生死搏斗

2014年8月19日的深夜，中国医大急诊病房，我们守在卓玛的床边忐忑不安。20日上午，她被确诊为急性白血病；28日，病情急剧恶化，卓玛生命垂危……

当心急如焚的哥哥出现在病房，看到极度虚弱的妹妹时，情绪几近崩溃，要求学校立即护送她返藏，见父母最后一面。但医院强调患者多发脑出血，如乘飞机，风险极大。一方面，学校老师积极与医院沟通调整治疗方案；另一方面，我们联系到卓玛的家人，劝说家属同意让卓玛留沈治疗。

一个普通藏族女孩的生命牵动着许多人的心。22 天，与死神抗争；22 天，与癌细胞较量；22 天，赢得生的希望。终于，在 9 月 10 日，卓玛的病情趋于稳定。血液科的走廊里，病友们奔走相告，一位病友握着卓玛哥哥的手说："你得感谢政府，感谢学校和这些老师啊！" 9 月 26 日，第一阶段的治疗结束，卓玛哥哥不住地感恩："汉族同胞就是我们的大恩人！"

这些年来，每当有节日来临，我都会与学生们一起庆祝，品尝酥油茶、糌粑等藏族传统食品，开展各种运动项目，游览古迹，增长知识。情感的沟通，文化的交融，让我与这些藏族孩子们的心紧紧连在了一起。多年来，"36524 部队"的每位成员都全力以赴，以父母的身份引导学生，全心全意地投入教学，不断地探究与实践，取得了丰硕的成果！截至目前，学校已见证了 638 名西藏学生的成材之路，他们顺利考取大学，并在毕业后回到西藏，成为推动家乡经济社会发展的栋梁之材。

这段历程，让我们看到了民族教育的接力棒在代代传承，老师们的无私奉献，引导着西藏学生在民族交往交流交融的道路上阔步向前，茁壮成长。他们用辛勤的汗水浇灌着民族教育之花，在民族团结进步的新征程上绚烂绽放！

（作者系辽宁省政协委员，沈阳市第十一中学西藏班班主任）

牡丹社区的“答卷”

沈忻昕

2022 年 8 月 17 日是牡丹社区干部群众终生难忘的日子。当天下午，习近平总书记来到社区，先后走进党群服务中心、群众活动中心和养老服务中心，考察了解改善人居环境、开展为民服务等情况。习近平总书记对大家说：“小康梦、强国梦、中国梦，归根到底是老百姓的‘幸福梦’。”

牡丹社区建于 20 世纪 80 年代，位于沈阳市皇姑区三台子街道，与世界文化遗产清昭陵隔街相望。2023 年 3 月，我到皇姑区挂职发改局副局长，在工作中，沿着习近平总书记的足迹，看到牡丹社区

的喜人变化，我深切感受到习近平总书记的为民情怀。

老旧小区换新颜，提质改造暖心田

十月的牡丹社区，一抹金色映照大地，刚进大门，新栽植的两行银杏树摇曳妩媚，枝叶繁茂。树下一条长长的绿化带，栽植着精品牡丹、芍药，花期虽过，"牡丹花廊"的称谓却依然让社区居民津津乐道。

牡丹社区是沈飞集团的职工住宅，属于典型的老旧小区，由于建成年代较早，基础设施破损严重，居民缺少休闲场所，更别提绿化美化。近年来，皇姑区委、区政府持续对小区进行改造，特别是2021年起实施了"一拆五改三增加"（拆违，改线、改墙、改管、改路、改绿，增服务场地、增休闲设施、增安全管理）工程，小区环境得到明显改善，居民获得感和幸福感得到明显提升。

社区从细微处着手，进一步提升小区颜值气质，改善排水系统，修缮老旧居民楼外墙，增设园区路灯，打造文化休闲广场和劳模工匠广场……小区环境变得更优美、更宜居了，老邻里过上了新生活。

幸福课堂有抓手，居民带娃不用愁

牡丹社区党群服务中心二楼，"幸福课堂"定期举行。从2017年开设幸福课堂以来，社区通过引进社会公益组织，构建"家庭+学校+社会"的立体化学堂圈，在课业辅导、课后托管的基础上，开设航模、篆刻、古诗词、绘本等10余门课程，服务青少年万余人次，帮社区居民带大了一拨又一拨"娃"。

今年，社区又围绕未成年人"三个健康"体系建设工作，增设了新的课程，例如提升身体健康的足球课、舞蹈课，还有促进心理健康的心理课，非常受孩子们欢迎。

看病就医没烦恼，老人不用担心"老"

在牡丹社区居家养老服务中心，服务更贴心。"医加医"健康服务站，可以架着远程医疗设备，与全市 10 余家大型三甲医院联网，进行在线问诊，并为居民建立健康档案，随时比对健康数据。每周三下午是牡丹社区的健康日，中国医科大学附属第一医院和盛京医院的全科医生或内科医生前来坐诊，给居民们提供了极大方便。此外，低廉的就诊价格，让大量有看病需求的老年人非常受益。

目前，社区养老服务中心可提供助餐、助浴、助行等 10 多项医养结合服务项目，让老人们更加享受晚年生活。社区还为 54 位独居老人配上了健康手环，后台 24 小时监控，一旦心率等指标出现异常，便会一键呼叫、报警提示，为老人们兜起生命安全线。

"深入群众、深入基层，采取更多惠民生、暖民心举措，着力解决好人民群众急难愁盼问题。"如今，习近平总书记在牡丹社区的嘱托，成了社区工作者和志愿者的强大动力。未来，牡丹社区将坚持党建引领基层治理，从居民需求出发，进一步改善人居环境，强化便民服务，做实做优"一老一幼"相关工作，在更加精细化、多元化上下功夫，让老百姓真正实现"幸福梦"。

（作者系辽宁省政协委员，辽宁社会科学院城市发展研究所副所长、研究员）

越民族　越流行

李　娜

　　作为一名文艺教育工作者、声乐表演艺术家，该如何立足于本土，立足于本职工作，讲好辽宁故事？我选择挖掘辽宁民族民间音乐遗产并发扬光大，在传承和弘扬民族民间音乐的过程中，使得传统文化焕发新的生机，让群众知我家乡、爱我家乡，并且更加自信。

辽宁的民族民间音乐资源底蕴深厚、蕴藏丰富

　　辽中、辽北深受二人转艺术影响，民歌曲调火爆热烈，评剧在这里也影响深远，"韩、花、筱"三大流派曾盛极一时，唱腔的委婉抒情也渗透进民间音乐之中。到了辽南地区，又有些不同。皮影戏多有流布，至今，复州皮影几乎成为"显学"；辽南影调戏已演变定名为辽剧，在瓦房店枝繁叶茂；新中国成立后，在社会主义建设大潮之中，根据辽南民歌曲调改编创作的歌曲《摇篮曲》《俺是快乐的饲养员》冲破地域局限，走向全国，甚至登上太空。

挖掘民族民间音乐资源，让民歌焕发新的生机

　　我在酝酿一个大课题：到底还有多少辽南民歌的资源有待发掘、

整理与传播？辽南民歌的艺术特色和精髓到底是什么？辽南民歌中又体现着这片土地怎样的风土民情？十年前，我有了这个动议，并着手实施。先是开展广泛的田野考察，深入新金（现为普兰店区、金普新区）、复县（现为瓦房店）、庄河……2016 年开始，我多次拜访了首唱《摇篮曲》《俺是快乐的饲养员》等辽南代表性民歌的老歌唱家徐桂珠，访求演唱的地域色彩，追寻当年人们的心理特征。在艺术上的指点之余，徐老师也对我挖掘整理辽南民歌的想法给予了高度肯定和支持。

歌曲不能停留在纸面上，而要让更多人听到

歌曲不能仅停留在纸面上，应该唱出来，让更多的人听到。为此，我筹划举办了"辽南故事 经典作品"独唱音乐会。

为了设计曲目，我和音乐会主创们探望了大连舞蹈艺术瑰宝"长穗花鼓"的曲作者丛宝璋，又前往古莲、曲氏井等风物所在地采风和进行实地考察。为寻求唱法上的特色，我拜访了辽南吟诵、复

"辽南故事 经典作品"独唱音乐会

州皮影的代表人物，请教了京剧演员，拿到了很多难得一见的"非遗"原始资料，也学得了各种技巧和绝活儿。

历经了重重艰难，又经过创作和排练的努力，2022 年 3 月 10 日晚，作为"辽南民歌"项目的延伸和汇报演出，独唱音乐会终于在大连大剧院成功举办，近千名观众到场欣赏音乐会，我和弟子演唱了《新媳妇回娘家》《俺是快乐的饲养员》《摇篮曲》等脍炙人口的传统民歌，以及《古莲》《忠魂·曲氏井》《又唱"长穗花鼓"》等新创歌曲，赢得了观众的热烈掌声和好评。

"辽南故事 经典作品"独唱音乐会的曲目可谓多姿多彩。音乐总监、作曲家郑冰对音乐会的风格着力颇多。伴奏上以管弦乐为主，根据需要，又加入了古琴、古筝、民族打击乐等民族乐器。声乐演唱上有民族唱法，有半吟诵半演唱的融合，还有口技、音效模拟的色彩性点缀，浓淡相宜，层次分明。这场音乐会是对辽南民歌的传承，也是对辽南风物的诠释与艺术表达。音乐会并不满足于对经典作品的简单再现，而是以原创作品对"辽南故事"这一主题予以挖掘、填充和发展。所谓"前承往学，后开来者"，既完成了"照着讲"，又探索了"接着讲"，勇于在前人的基础上再向前走几步。

当有社会责任感的教师，创作让艺术之树长青

我长期以来热心公益事业。2013 年起，多次以文艺志愿者的身份，随大连市文联赴养老院慰问演出。2016—2018 年，连续三年担任"大连市圆梦助学行动形象大使"；2020 年，拍摄演唱了歌曲《生命之花》《藏着一句话》，在大连电视台、学习强国等媒体播出；2021 年，举办了"唱谈辽南民歌"公益讲座；2022 年，担任辽宁师范大学抗疫志愿者……

好故事永远在路上。目前，我正携手词曲作者，挖掘辽宁"六

地"红色文化资源，创作歌曲作品，为赓续红色血脉、擦亮辽宁底色、凝聚振兴发展力量而奔走、歌唱……

（作者系辽宁省政协委员，辽宁师范大学教授、声乐系主任）

梧高凤至　花开蝶来

张　皓

2023 年，辽宁省职工职业技能大赛仪器分析检验工赛项和化工总控工赛项在盘锦举行。经过 3 天的激烈角逐，盘锦市两名参赛选手分别获得两个赛项的冠军，这标志着盘锦化工产业的技术工人在理论知识和实践操作方面都取得了质的飞跃。

盘锦产业技术研究院负责大赛技术和方案的设计与实施，2023年已经是第三届举办大赛。来自全省各地的参赛选手在展示"看家本领"的同时，也代表着各自所在地方和行业的最高水平。两个赛项的冠军双双出自盘锦，既展现出盘锦产业技能人才队伍的"硬核"力量，也在全省化工产业的广大职工中弘扬了工匠精神，树立了技能成才的榜样。

创新是发展的基石，人才是创新的根基

为进一步培育壮大盘锦科技创新力量，培植新的经济增长点，2015 年，盘锦市政府与大连理工大学共建大连理工大学盘锦产业技术研究院，由此开启了盘锦市强化高质量发展人才支撑、推进产业科技创新的崭新一页。

为汇聚高端人才，盘锦市委、市政府对研究院在人才政策、事业编制、职称评聘、经费保障等各方面给予大力支持，组建专班为研究院提供"点对点"服务。如今，研究院已建立起了一支专兼职结合的120余人的科技研发队伍，其中的专职人员均为硕士及以上学位，相继荣获了国务院政府特殊津贴、省先进科技工作者、省优秀科技工作者、省"兴辽英才计划"青年拔尖人才、市五一劳动奖章等荣誉称号。

2023年7月11日，盘锦产业技术研究院被辽宁省工业和信息化厅认定为辽宁省中小企业公共服务示范平台，这一天，刚好是研究院八周岁的生日。芳华八载，夯基筑台。研究院围绕地方特色产业开展共性技术攻关，提供科学技术服务，培育创新技术人才，推进科技成果转化。10月19日，大连理工大学盘锦产业技术研究院举办了当年第七次招聘会，来自北京理工大学、东北大学等高校的10名博士进入面试环节，研究院对高端人才的强劲吸引力让贺高红院长十分欣喜。"这样的人才集聚效应得益于研究院顾问卢中昌经常引导我们突破思维，走出'舒适区'，以更开放的思维推动创新发展。"贺高红介绍，研究院先后与浩业化工、山东东岳集团、中蓝电子和格林凯默组建分院，开创院企合作新模式，通过对进院人才进行系统培养，院领导带队定期去各分院进行技术和学术交流，指导各分院人才成长，有效地解决了企业人才引育留用的全链条难题。

聚焦发展，为企业提供"一站式"服务

发展的需要就是创新的目标。盘锦产业技术研究院立足石化及精细化工等主导产业，推进集"检、学、研、用"为一体的质量基础设施"一站式"服务平台建设，向企业提供新产品原料及成品检

测、质量改进、研发及中试、人员培训等全产业链、全生命周期的质量基础支撑。

2023年4月，盘锦市质量基础设施一站式服务"辽滨石化与精细化工产业工作站"授牌成立。针对中国石油辽河石化分公司提出的氢资源紧张影响企业发展的现实问题，研究院专家团队多次深入企业，开展现场技术交流和分析检测调研，通过多次技术论证，为企业定制式设计全国首套"氢气分离膜+催化脱氧反应器"耦合装置，不仅解决了氢资源紧张的问题，同时避免了大量富氢燃料气造成的燃料系统热值波动问题，大幅降低了炼油生产成本。

开拓进取，打造科技创新核心竞争力。将科研成果转化为现实生产力，是研究院的重要使命，也是其核心竞争力的价值体现。近年来，研究院走访百余家企业，不断提升服务产业发展水平，打通科技"成果"变"硕果"的"最后一公里"。研究院与中海油工程公司签订国内首个自主设计制造的FPSO单点系统液滑环项目，该项

大连理工大学盘锦产业技术研究院实验室

目对提升我国装备制造水平、保障国家能源安全具有重要意义；为浩业化工建设氢气回收项目，预计将为企业创造经济效益约 2180 万元；与华锦阿美进行多次技术交流，目前"大空分尾气回收氦项目"和"HCl 电解项目"正在有序进行中。

多年来，大连理工大学盘锦产业技术研究院持续精准链接产学研资源，深耕科技创新服务领域，帮助企业提高自主创新能力，高效应对产业发展变化，引领区域产业转型升级，成为盘锦化工节能环保、高端装备等关键领域创新发展的新质生产力。

梧高凤至，花开蝶来。盘锦市强化人才赋能，推进科技振兴，"筑巢引凤"聚人才，"固巢养凤"谋发展，"强巢生凤"向未来，奋力在新时代辽宁全面振兴中走在前列，为谱写中国式现代化辽宁新篇章贡献新力量，再创新佳绩。

（作者系辽宁省政协委员，盘锦市人力资源和社会保障局党组书记、局长）

兴沈的抱负和情怀

李　利

他们的追求是"拼搏、思变、利他"。在沈阳市铁西区冶金工业园区内，有这样一家占地面积9万平方米的公司，销售网络遍及全国30多个省市，它正是目前东北唯一一家集电缆研发制造、电力工程施工、成套设备生产、建筑工程设计为一体的综合型企业——兴沈线缆集团有限公司。

志存高远　艰苦创业

电线电缆制造业是国民经济中的重要配套行业之一，电线电缆产品广泛应用于能源、交通、通信、汽车、石油化工以及航空航天等产业，在我国制造业中扮演着非常重要的角色。

2008年，怀揣着对电缆行业的美好憧憬，一位名叫黄鹤的青年，从铁西区保工街一个小小的门市做起，开启了自己的创业之旅。刚开始的时候，黄鹤将生产基地选址在抚顺的李石经济技术开发区，团队只有十几名员工，虽然面临很多困难，但他们依然坚守初心，以质量为本，稳步争取市场份额。在历史的洪流中，沈阳电缆厂名噪一时，在很长的时期内，全国产值利润位列行业第一，获奖无数。时间来到2015年，企业拥有了一个响亮的名字，为传承前辈的创业精神，接过产业发展的接力棒，兴沈线缆应运而生。在黄鹤和他的团队看来，东北是电缆产业的摇篮，"兴沈"二字正有振兴沈阳电缆行业和用电缆产业振兴东北的美好寓意。在兴沈，有这样一句口号："振兴东北老工业基地，续写沈阳电缆业新辉煌。"自公司成立以来，"兴沈"人便以此作为前进的动力、奋斗的目标，凭借不屈不挠的拼搏精神，为东北的电缆行业不断注入新的生机与活力。

2016年，兴沈将工厂从李石迁至苏家屯，为了提高设备生产效率，企业斥巨资购置全自动生产设备，实现了24小时生产；2019年，兴沈生产基地再度升级，乔迁至铁西冶金工业园区；2022年，兴沈线缆正式升级为兴沈线缆集团有限公司，注册资金增资至3.45亿元，生产基地再度扩建升级，增加高压生产设备，同时实现了铜、铝产品独立车间生产。

兴沈线缆集团有限公司工作车间

79

创业是一个充满挑战和风险的过程，创业者在这个过程中会遇到很多困难，而作为土生土长的沈阳人、东北人，黄鹤坚信，这是兴沈起步的地方，在他看来，必须打破"投资不过山海关"的魔咒，东北才有可能迎来新机会，如果自己人都走了，谁还会来投资，来振兴这片土地？就这样，"兴沈"人保持着一份坚守，决定与东北一起奋力前行。

近年来，辽宁营商环境不断优化，一系列有力举措给了黄鹤和他的团队更大的决心，"兴沈"人立志要扎根在辽宁，发展在东北，让更多的人知道东北企业，让更多企业家来辽宁投资兴业！

诚信为本　只做精品

过去十几年，兴沈线缆集团积极响应国家号召，勇担时代重任，履行社会责任，把企业使命融入国家发展与时代需要，用责任和实干践行了企业担当，不断解锁多维度的高质量发展。

科技赋能下的兴沈，正在探索更多未知，创造更多可能，产品广泛应用于建筑业、国防军用、石油化工、国网电力、工业制造等行业领域，并荣获中国电缆行业领导品牌，获批多项国家发明专利授权。

"能征服市场的，永远不是价格，而是品质；能感动人心的，永远不是语言，而是诚信；能持续发展的，永远不是空谈，而是口碑。"这段话是黄鹤的座右铭，也是他经营兴沈线缆集团的心得。

黄鹤和"兴沈"人将自己的热情、智慧与心血奉献于企业，不向困难低头，凭着一颗赤诚之心，推动企业不断迈上新的台阶。

这是一个大有可为的新时代，也是一个大有作为的新时代。以兴沈为代表的民营企业和企业家们正不断用真诚回报社会，用发展书写担当。新征程上，他们将继续与东北、辽宁同频共振，为振兴发展贡献更多力量！

（作者系辽宁省政协常委，辽宁省总商会副会长，沈阳市工商联副主席，辽宁龙润环保工程股份有限公司董事长）

沈阳建筑大学的浓浓红色文化

李宇鹏

走进何长工事迹陈列馆

何长工原名何坤，1900 年 12 月出生于湖南华容县一个农民家庭。1919 年参加"五四运动"，年底赴法国勤工俭学，在工厂做工，亲身体验工人阶层的生活。留学期间，他和周恩来同志一起展开维护学生合法权益的斗争。1922 年，他在法国加入中国少年共产党，同年转为中国共产党党员。

何长工雕像

1924 年，何长工回国，在洞庭湖西区建立党团组织，办教育，开展农民运动。1927 年，湖南"马日事变"后，何长工遭受反动派通缉，毛泽东同志为了保证他的安全，决定给他换一个新名字。毛泽东对他说："你既然在工厂做过工，就叫何长工吧，希望你为人民做一辈子的长工！"

他是第一面军旗的设计者、我军院校建设的先驱、新中国地质工作的开拓者。他以"为人民做一辈子长工"为己任——毛泽东派他寻找朱德部队，他不辱使命，促成了井冈山会师的伟大创举。

1948 年，伴随着解放战争的隆隆炮声，时任东北军区军工部部长的何长工亲自创建中国人民解放军东北军区军工部工业专门学校，这是我军历史上最早的一所军事工业高等学校。日月交替，岁月变迁，学校历经多次改建更名：东北建筑工程学校、沈阳建筑材料工业学院、辽宁省建设学院，2004 年 5 月，正式更名为沈阳建筑大学。

何长工一生坚持把党的事业和人民的利益放在第一位，把满腔的热忱投入中国人民解放事业和新中国革命与建设之中。如今的学校继承和发扬先辈们的崇高精神，依托校友捐赠的徽派建筑，打造"何长工事迹陈列馆"。学校始终心怀"国之大者"，坚持为党育人、为国育才的初心和使命，努力办好人民满意的教育。75 年砥砺奋进的历程中，学校和祖国同命运共成长，红色一直是学校最亮丽的颜色！

走进雷锋庭院

雷锋精神是一面永不褪色的旗帜，是一座永放光芒的灯塔。庭院中的"雷锋车"是雷锋生前所在的雷锋班的退役班车，1977 年到1991 年，这辆车在雷锋生前所在班服役。这辆 1976 年出厂的老解放牌卡车，在部队服役的日子里，风吹雨打、跋山涉水，陪伴了战士们13个春秋，陪伴过6任雷锋班班长和近百名雷锋班战士，他与雷锋班一起，用转动的车轮践行了学习雷锋精神的印记。2004年，雷锋班退役车被学校请进校园。

"雷锋车"走进校园不久，全校师生捐款近两万元，铸成了雷锋铜像，安置在"雷锋车"旁，让"老兵"与"老班长"经历了跨世纪的"重逢"。庭院棚顶设置了写有"为人民服务"的红色旗帜，寓意代代传承，擎起为人民服务的雷锋精神之旗。学校组建成立校园雷锋班，选树学雷锋典型，雷锋精神已经成为学校师生精神文明建设的重要一环！

丰富多彩的红色资源，淬炼昂扬向上的红色文化，以传承红色基因，凝聚精神力量！沈阳建筑大学的红色文化，让新时代的大学生自觉传承红色基因，感悟精神伟力！信仰之光谱写时代华章，恰逢其时！

（作者系全国政协委员，辽宁省政协常委，辽宁大学副校长）

草编产业的发展致富路

吴　岩

每到玉米丰收的季节，除了收获沉甸甸的玉米棒，还有那遍地的玉米叶，一片片小小的玉米叶能做什么？（请看下面的图片。）

大家是否跟我一样，被这一对蜻蜓惊艳到了？这精美的艺术品出自本溪市南芬区春城手工编织合作社，这里的社员既不是青春靓丽的小姑娘，也不是风华正茂的小媳妇，而是农村留守妇女、留守老人和城市下岗失业人员。故事要从本溪市农工党员尚春玲带领当地村民发展产业、脱贫攻坚说起。

过去，本溪市南芬区、平山区一带的村民依靠种庄稼和出门打工维持生计，当年轻人出去打工后，留守的多是年龄偏大或身体不好的村民。

玉米叶手工编制品

85

这些地方没有产业、缺乏资源，老龄化严重、人口素质偏低，如何摆脱贫困，打造立得住的支撑产业，成为尚春玲心头的大事。

尚春玲利用南芬区大峡谷的生态优势，引导有条件的农户开办农家乐，同时组建种植合作社，大力发展沙棘产业。至今，已有60多名农民在大峡谷的荒山上种植了近500亩的沙棘，每户农民年增收近3万元。随着这两方面产业发展的日益成熟，尚春玲将目光放在了那些还没有脱贫的村民上，她说："种植沙棘周期长，又十分辛苦，受益人数有限，必须开发新的'轻量级'产业，让全村人都致富。"

在当地，玉米种植再寻常不过，玉米叶更是"取之不尽"，这让尚春玲有了新的致富灵感。原来，尚春玲在老家的亲属是草编技艺的传承人，这让她想到了利用玉米叶来制作草编产品的主意。于是，靠着自己的聪明才智和起早贪黑的努力付出，尚春玲硬是学会了草编技术。

"这么漂亮的花，是用玉米叶子做出来的？""尚大姐，你这手也太巧了，我能学会吗？"在春城手工编织合作社成立的那天，村里的活动室热闹非凡，村民们被尚春玲的手编工艺品深深地吸引了，他们七嘴八舌地询问手编技巧。看到这么多人关注手编技艺，尚春玲便着手开办农村创业大讲堂，现场教授草编技能，她告诉村民，现代人对自然材料的手工制品十分青睐，学会草编技术，一定能致富。

随着直播带货的兴起，尚春玲为合作社申请了"花间宿"品牌，开通了"线上教学+销售"的模式。这一创新举措，被本溪市妇联授予"巾帼扶贫微工厂"称号。几个月来，她把留守妇女培养成了草编主播，鼓励她们自主创业，通过线上发宣传引流，来合作社参观考察的人也多了起来。如果把创业比作一艘驶向目标的大船，使命感就是这艘船的发动机。为了让草编产业发展壮大，也让更多人因此受益，尚春玲先后到桓仁满族自治县、本溪满族自治县、明山区、溪湖区、南芬区等12个乡镇社区开展培训。她创新"合作社+微家+农户"模式，由合作社负责技术培训、产品回收，由草编微家为就近居民指导，最后由农户在自家灵活分散式生产。

目前，合作社创建了10处草编微家，直接带动附近村民从事草编生产。南芬村聋哑人刘莹红、南山社区残疾人高俊英，通过草编生产年增收近6000元；大峡谷景区附近的农民学会草编技术，在景区销售，年增收近8000元。经过几年发展，尚春玲为当地脱贫致富探索出了一条稳定长远的致富门路，她的创业征程也吸引了全国各地草编爱好者的目光。在省内，尚春玲把草编培训班拓展到学校、社区、幼儿园等，与家政服务公司合作，为下岗失业人员培训草编技术，与社区和学校合作，提高孩子们的动手能力。有一对70多岁的老两口儿学会了这项技术，逢人便说："老了老了，还学了门手艺，挣着了钱，做梦也没有想到。"

发展草编产业，既可以丰富村民的文化生活，培育乡风文明，同时还能减少秸秆焚烧的危害，助力乡村旅游产业发展。近年来，春城手工编织合作社与辽宁抚顺市、河南南阳市的合作社签约合作；更有四川、湖南、黑龙江等各地的爱好者咨询学习草编技术，间接带动了3000多人创业。尚春玲说："手编的优势在于其'变废为宝'，这种环保理念越来越深入人心，就像我们的'花间宿'品牌所倡导的那样——人与自然和谐相处，把美丽和美好留在身边。"

这就是尚春玲的故事——她和乡亲们奔走在对家乡的热爱里，让生态循环之花绽放永恒的绿色发展之光！

（作者系辽宁省政协委员，辽健集团本钢总院心内三科主任）

跨越山海　奔"阜"而来！

李和万

翻开新中国工业化的历史，煤城阜新曾写下浓墨重彩的一笔。而如今，被列为全国首个资源枯竭型城市经济转型试点市的阜新，又完成了一份优异的转型答卷。

"物阜民丰，焕然一新"，今日的阜新已成为美丽整洁、绿色生态、宜居宜业的绿色现代化城市。幸福、安乐已成为城市的代名词。

阜新景色

洁街净路，打造"靓洁阜新"

阜新，因煤炭而兴。煤炭开采曾是这座城市的支柱产业。昔日灰蒙蒙的天空如今已被蓝悠悠的晴空取代，街头巷尾不再尘土飞扬，取而代之的是干净整洁的街道和清新宜人的空气。

"前山微有雨，永巷净无尘。"户户窗明儿净，街路焕然一新。主要街路严格落实"一日两扫、全天保洁"作业，实现城区原生垃圾零填埋；全城开展生活垃圾分类工作，主要公共场所及试点社区垃圾分类全覆盖；大力开展"洗脸行动"，确保排查清理无死角；加大管网改造和污水排放管制力度，污水污染、管网积水现象全面杜绝。洁净卫生、宜居宜民的城市新面貌已然建成。

如今，"洁街净路，打造'靓洁阜新'"已经成为阜新市的一种城市精神。这种精神激励着每一个市民为城市的可持续发展贡献自己的力量，而这种力量也使得阜新市焕发出了新的生机和活力，向世界展示了一个从能源依赖型向可持续发展型转变的成功案例。

增绿建园，打造"绿色阜新"

"绿树村边合，青山郭外斜。"让城市融入大自然，让居民望得见山，看得见水，记得住乡愁，城中栖居桃源已成现实。

阜新在全省率先开展"全域苗圃化"绿化建设工作。采取"裸

土覆绿、拆围透绿、见缝插绿、小区'围绿补绿'、口袋公园建设"等绿化方式，实现"300 米见绿，500 米见园"的居民生活圈建设。

生态保护持续发力，推进城市古树名木保护，明确专人负责，科学进行管护。经过持续努力，"全域苗圃化"行动取得了显著的成果。阜新市的公园和绿地数量不断增加，城市的空气质量和环境质量得到了明显改善。市民们也更加注重环保和可持续发展的问题，自觉地参与到环保行动中来。

"水青山绕城边，享绿赏绿在城间"。阜新市不仅改善了环境质量，还提升了城市形象和品质。这个曾经因煤炭而兴的城市如今已经成为一个充满活力和魅力的生态之城。

健康自然，打造"宜居阜新"

"月明看岭树，风静听溪流。"让城间漫步迈向自然，让休闲锻炼回归林间。大力推动体育公园建设绿色低碳转型，把建设体育公园同促进生态文明结合起来，确保人民既能尽享体育运动的无穷魅力，又能尽揽自然的生态之美，促进全民健身回归自然。围绕细河两岸打造健康圈，结合儿童公园建设，打造多功能休息运动区域。推进建设东湖体育公园、太平体育公园，打造生态健康都市圈，为阜新印上健康的名片。

这种全新的城市理念不仅得到了市民们的热烈响应和支持，也吸引了越来越多的游客前来参观和体验。人们在这里可以尽享体育运动的无穷魅力，尽揽自然的生态之美。全民健身回归自然，让人们在运动中感受大自然的美丽和魅力。

美丽阜地、厚道新城，形神气韵、美美与共、宜居宜业，奔"阜"而来、居"阜"幸福、在"阜"安乐。道路干净平坦、水清树绿的大美阜新画卷日益添彩，绿色生态、活力四射的宜居之城大放光彩。在未来的日子里，我们相信，美丽"阜"地将继续焕发出更加绚丽的光芒，成为辽宁乃至全国的一颗璀璨明珠！

（作者系辽宁省政协委员，共青团阜新市委书记）

一起看浑河

冯　洁

浑河——辽宁人的母亲河，千百年来奔流不息，各民族儿女生活在浑河两岸，创造了灿烂的历史文化。新中国成立后，沿浑河崛起了沈阳、抚顺等多个重工业城市，在新中国发展建设中起到了关键作用。

追溯浑河历史，讲好浑河故事。2022 年，抚顺市委宣传部以习近平新时代中国特色社会主义思想为指导，以建设创新、活力、绿色、文明、幸福"五个抚顺"为基调，以探寻浑河水系为主线，以展示浑河流域文化为背景，深入挖掘抚顺历史文化资源，筹划大型纪录片《浑河两岸》，为城市转型振兴发展"文化赋能""生态赋能"。

为了发现浑河的生态之美、资源之美、文化之美，抚顺广播电视台成立《浑河两岸》栏目组，历时近两年的时间，行程几千公里，上到辽宁屋脊岗山，下到浑河入海口营口西炮台，克服了天气、资料匮乏等重重困难，拍摄了近百小时的视频素材，首次实现流域节点高难度航拍，完成了浑河源头空中鸟瞰和多处特殊区域的定点拍摄，最终呈现出了一部大型风物文献纪录片《浑河两岸》。

《浑河两岸》以纪实的手法拍摄，每集独立成章，从浑河的自然地理到历史文化，综合讲述了两岸的人们与河水相互依存、和谐共生的鲜活故事，呈现出新时代辽宁人勇于创造、拼搏进取、力争上游的时代风貌。

2022 年 8 月 1 日，活动正式启动。我们将取自浑河源头龙岗山脉滚马岭的浑河水，与浑河流经的沈阳、辽阳、鞍山、盘锦、营口五市河流断面的水注入了同一个容器里，将浑河沿线城市山同脉、水同源、地相连、人相亲的血脉亲情收藏在心底。《浑河两岸》摄制组沿着浑河流经的"足迹"，一路探源，一路穿行，一路追寻。

浑河两岸的佳山胜水给我们带来了太多震撼。美丽的苏子河与左右青山互动，形成了世界罕见的 U 形谷景观群落，如北方佳人，遗世而独立。有一种植物叫双蕊兰，是极其珍稀的濒危野生植物，被称为植物界的大熊猫，目前仅存于浑河流域的老秃顶子自然保护区，每年只能开几株，最多几十株，不仔细寻觅，很难看到双蕊兰的踪迹，摄制组扎进老秃顶子，一找就是一个星期，功夫不负有心人，摄制组终于无比幸运地与老秃顶子上仅有的三株双蕊兰见面了。

为了保护大伙房水库保护区这个养育辽宁七城市 2300 万人水源地的生态，抚顺关闭了各类相关企业 200 余家，对三个县 284 户村民进行了生态移民搬迁。台沟村是距离大伙房水库最近的村子。当年为保护水源，村里的砖厂、养猪场都被关闭。白鹭是浑河流域最吉祥的鸟，大家都称它为福鹭。多年来，人们对生态的破坏导致白鹭难寻踪迹，但关闭砖厂和养猪场的第二年春天，水库的山林里就出现了白鹭的身影，村里人都兴奋极了。关闭工厂和养猪场的损失，靠发展绿色种养业补了回来，既搞好了生态，又赚足了腰包，村民们十分高兴。

走进清原满族自治县南口前镇北三家子村，摄制组拜祭了抗战英烈孙铭武、孙铭宸、孙铭久三兄弟。孙铭武，是民政部公布的第一批 300 名著名抗日英烈和英雄群体名录第一人。1931 年 10 月，孙铭武率众在清原满族自治县竖起抗日大旗，成立血盟救国军，打响了辽东抗战第一枪。1932 年 1 月初，孙铭武不幸被捕，慷慨赴死。蹚过小溪，跨过沟壑，在一片苍松翠柏下，我们见到了孙氏兄弟的墓碑，简单、肃穆。那一刻，作为国歌灵感来源的《血盟救国军军歌》穿越时空，在我们耳边回响，"起来，不愿当亡国奴的人们，用我们的血肉去唤醒全国民众……"

在田间地头，与农民攀谈着丰收在望的喜悦；在建筑工地，拍下清原抽水蓄能电站转子吊装成功的历史瞬间……我们用脚步丈量家乡的每一寸土地，用镜头记录城市的历史、母亲河的故事、全面振兴的时代脉搏。

水润大地，生生不息，文明由此起源。汇聚八方，波涛澎湃，奔向辽阔大海。沃野千里，万物繁生，河两岸的故事被我们记录着，也在我们眼中不断更新着。

（作者系辽宁省政协委员，抚顺广播电视台一级编导）

农民致富的"黄金草"

张 鹏

提起冬虫夏草，可能大多数人会觉得耳熟，会想到这是一种产自西藏的珍贵中药材。但位于北纬 38 度到 43 度黄金农业纬度带的辽宁也产出一种虫草，而且营养保健价值极高——它就是蛹虫草。

蛹虫草是独具辽宁地域特色的食（药）用真菌，又叫北冬虫夏草、虫草花，食用和药用价值可与传统的冬虫夏草媲美。目前蛹虫草产业已成为辽宁的特色现代农业项目，规模化的生产使蛹虫草走进了寻常百姓家，造福人类健康的同时，也助力了农民致富。

蛹虫草：野生冬虫夏草的理想替代品

蛹虫草是食药两用真菌，不仅含有丰富的蛋白质和氨基酸等多种营养成分，还含有磷、锌、铜、铁等人体必需的微量元素，以及具有药用价值的虫草素、喷司他丁、虫草酸、虫草多糖等多种活性成分，具有防癌抗癌、益肝壮肾、镇静安神、抗菌消炎、增强免疫力、抗衰老等功效。很多实验表明，在保健功能上，蛹虫草并不逊色于冬虫夏草。近几年的研究更表明，蛹虫草中的主要活性成分虫草素和喷司他丁冬虫夏草并不能合成。

因为蛹虫草已经实现了人工栽培，所以它的价格十分亲民。《全国中草药汇编》记载："北虫草的子实体及虫体可作为冬虫夏草入药。"因此，蛹虫草是野生冬虫夏草的理想替代品。

辽宁：蛹虫草的原发地

为什么我把蛹虫草叫作"辽宁虫草"？因为辽宁对全国蛹虫草的贡献功不可没。辽宁是中国野生蛹虫草的最早发现地、人工栽培技术原创地和传播地，目前更是世界人工蛹虫草原料的最大生产和集散地。

1986年8月，辽宁的科研工作者在沈阳棋盘山水库北岸林地中发现9枚野生的蛹虫草，并对采集的子实体进行分离、驯化——从此揭开了我国蛹虫草人工栽培研究的序幕。

为更好地利用棋盘山的野生虫草资源，1994年，沈阳棋盘山生物工程研究所成立，主要开展蛹虫草菌种的选育、栽培技术研究。

沈阳棋盘山辽宁省蛹虫草原发地

1996 年，中国食用菌协会、辽宁省食用菌专业协会在沈阳召开了"中国香菇北冬虫夏草研讨会"。此后北冬虫夏草人工栽培以辽宁为原点，在中国部分省市地区逐步展开。经过几代虫草工作者对优良菌种选育及栽培技术的接续研究，彻底解决了栽培蛹虫草受到的地域和季节限制，辽宁已成功实现了规模化生产，使蛹虫草走进寻常百姓家，造福人类健康，助力农民致富。

黄金草：为种植户带来了可观的经济效益

目前辽宁省蛹虫草栽培规模位居全国之首，年产蛹虫草鲜品约 8 万吨（干品约 1.2 万吨），产量约占全国的 70%，种植直接产值 7 亿元，为蛹虫草种植户带来了可观的经济效益，因而，蛹虫草又被称为"黄金草"。

辽宁蛹虫草栽培区域由环沈阳栽培产业圈和沿沈阳至辽阳灯塔公路两侧的线状产业带组成。沈阳市于洪区是辽宁省蛹虫草人工栽培范围较大的生产基地，于洪区红旗台村是全国蛹虫草栽培第一村，是规模化栽培发源地和传播地，业内有"辽宁虫草看沈阳，沈阳虫草看红旗台"的说法。

在沈阳市苏家屯区黑林台村蛹虫草培育室，金灿灿的蛹虫草整齐排列，长势正好。2016 年，黑林台村书记王印红带领村民开始种植蛹虫草，目前已经建成 36 栋设施大棚，年创产值近 4000 万元，年纯利润 1200 多万元，解决了村里 500 人的就业问题，人均月收入 6000 多元。

辽阳灯塔市柳条寨镇是辽宁虫草生产的后起之秀，现有"辽宁虫草第一镇"的美誉。虽然发展较晚，但有后发优势，设施条件好，产业集中，规模大。柳条寨镇的南李大人村、北李大人村、蒿子屯、柳条村4个村现有309栋虫草棚，还有26栋虫草棚在建和待建。从种草、接菌、倒垛扎眼到采收及烘干，均由当地农民组织的专业队伍作业，每人每天有少则二三百元，多则七八百元的收入，带动当地2000多人就业。

虫草纤巧细，产业惠民生。30多年来，人工栽培的蛹虫草产业伴随着科技进步和社会经济发展，已经从乡村星火成长为国内闻名的特色产业，辽宁一直引领这一产业发展。成绩属于过去，未来任重道远，不断巩固虫草产业优势，助力乡村振兴，须进一步加强政府扶持引导、科技支撑、企业主导和全社会广泛参与，讲好辽宁虫草故事，做好辽宁虫草这一"特产"文章，建设虫草产业大省和强省。

（作者系辽宁省政协委员，辽宁省农科院食用菌研究所所长）

原创歌剧《邓世昌》

殷之声

习近平总书记在文化传承发展座谈会上强调："在新的起点上继续推动文化繁荣、建设文化强国、建设中华民族现代文明，是我们在新时代新的文化使命。"

习近平总书记的讲话迅速在辽宁文艺界引起强烈反响，2023 年 9 月，由辽宁省公共文化服务中心出品，辽宁歌剧院（辽宁交响乐团）经过近 4 年艺术创作和精心打磨的原创歌剧《邓世昌》在辽宁大剧院首演。这部具有中国气派的英雄史诗在歌剧舞台上激情唱响，震撼全场。作为《邓世昌》的执行导演，我有幸全程参与并见证了这部歌剧诞生的历程。

1894 年发生的中日甲午战争，是中国近代史上的重大事件。在甲午海战中，清末爱国将领邓世昌指挥致远舰与日本军舰作战，将生死抛在脑后，最终率舰撞向日本吉野舰，以身殉国。他的民族气节和爱国主义精神可歌可泣，彪炳史册。

《邓世昌》是历史剧，而担任该剧主演的几位演员都是二三十岁的年轻人，虽然"甲午海战"大家都知道，但要重现那段历史，并塑造好邓世昌等人物形象，其实他们心里十分忐忑。"深入生活，扎根人民"是艺术创作的必修课。为了更好地创作歌剧《邓世昌》，

《邓世昌》歌剧表演

在正式排练前，院里组织演员亲赴甲午海战发生地，实地寻找灵感，激发创作热情。两天时间里，他们先后参观了邓世昌墓园、邓世昌塑像、甲午海战无名将士碑等，向英雄敬献了花篮，又乘船出航，遥望茫茫大海，祭奠了甲午海战的遗址。参观结束后，我带领演员们进行了剧本研读，几位年轻的演员声情并茂地朗诵剧本，他们说："此次采风让我们对甲午海战，对邓世昌有了更加深刻的认知，这为日后塑造好角色奠定了坚实基础。"

歌剧创作与其他舞台剧不同，音乐占据特别大的比重。乐队和合唱队都是按照事先写好的总谱排练，但在现场经常会有乐队合不上，演员唱出来效果不好的情况发生，那时我就要与指挥商量，现场进行调整，如果还是效果不好，就要与作曲者联系，重新修改。

歌剧《邓世昌》的六幕演出，除主要人物在台前作正面表演外，人物的情感抒发、背后的矛盾冲突、客观情况的陈述，都是通过男女声合唱呈现。其实在排练过程中，最重要的还是表演。歌剧演员唱歌没问题，但表演却是弱项，从无到有塑造一个角色，对他们来说是个挑战。为了帮助他们树立信心，演好角色，我带领演员们一遍遍地过台词、走位、找感觉、找状态，直到他们进入角色，获得总导演的首肯为止。经过近三个月的紧张排练，歌剧《邓世昌》首演时气势磅礴，感人至深。"倭寇猖，气焰狂，凶恶横蛮，狡猾如狐，狠毒如狼。保家卫国就在今天，好男儿热血洒海疆，烈火焚尽忠心在，千生万死志如钢！誓将日寇消灭光！……"大幕拉开，舞台上，大海波涛汹涌，邓世昌指挥致远舰与日军敌舰浴血奋战。舞台下，观众们如同身临其境，被邓世昌的英雄气概所感染、折服。我也深深地松了口气，内心无比欣慰。

"民无魂不立，国无魂不强"，辽宁歌剧院全新创排的歌剧《邓世昌》，带领观众回望那段悲壮的历史，重温英雄的壮举，弘扬伟大的爱国精神，凝聚起中华民族伟大复兴的强大力量，为实现辽宁全面振兴新突破，打好打赢新时代"辽沈战役"谱写出了新华章！

（作者系辽宁省政协委员，辽宁歌剧院副院长）

绿一片青山　富一方百姓

褚佳琪

生态兴则文明兴，生态衰则文明衰，习近平总书记的嘱托言犹在耳。我的家乡彰武，地处我国最大的沙地——科尔沁沙地南部，300多年前，这里是水草丰美的"皇家牧场"；100多年前，这里却变成了风沙肆虐的科尔沁沙地、"黄龙"之首。

新时代的山河之美，在党中央治国理政的顶层设计中生发定格，也在彰武人民70年防沙治沙的实践中找到了答案。自从1952年新中国第一个防沙治沙科研院所在彰武成立，至今已过去70多年。这70多年间，历任彰武县委、县政府接续奋斗，始终把"生态立县"放在县域发展的战略之首，带领全县党员干部群众全面投身生态建设伟大实践，推进"4+2+2"生态治理模式，坚决打赢科尔沁沙地歼灭战。

我们实施"以树挡沙"工程，包括新中国第一片樟子松引种固沙林、中国三大治沙方法之一、全国科学大会奖等，使得森林覆盖率由新中国成立初期的2.9%提高到32.5%，平均风速由新中国成立初期的3.4米每秒下降到1.9米每秒，将辽宁抗击科尔沁沙地南侵的第一道防线足足向前推移了13公里，全力保护家园、护佑辽宁。

我们实施"以草固沙"工程，把150万亩疏林草原镶嵌在了

"山水林田湖草沙"间，全力打造生产、生活、生态"三生融合"发展的示范样板，漠上草原已登录百度百科，欧李山、德力格尔草原等景区不仅成为展现彰武生态建设成果的重要平台，也成为各地游客心驰神往的"打卡地"，亲子互动的"研学地"，党性教育的"首选地"。

我们实施"以水含沙"工程，秉持"留住水、含住沙、改湿地、护生态"的理念，启动了柳河流域综合治理，通过实施"稻田湿地"工程，实现夏秋季水面覆盖、春秋季留茬固沙，带动项目区农民户均增收 2.4 万元，为三年攻坚注入了活水，增添了动力。

我们实施"以光锁沙"工程，板上发电、板下种植，把 50 万千瓦绿电光伏的种子种下，破解人、地生态矛盾，实现了能源增值、企业增效、农民增收、沙地增绿。

70 多年前的彰武，成为科学治沙的排头兵和领跑者，为三北地区乃至全球沙漠化治理提供了"彰武方案"。如今的彰武，不仅创造

彰武风景

了绿色奇迹，在实现山水林田湖草沙，推动三生融合和两山转化方面再一次领跑，提供了"彰武智慧"！

作为新中国科学治沙开始的地方，今日之彰武，绿一片青山，富一方百姓！作为打赢科尔沁沙地歼灭战的主战场，今日之我们，不负韶华，砥砺前行！

（作者系辽宁省政协委员，彰武县委常委、宣传部部长，县政府副县长）

淬炼英雄之心　筑起少年梦想

任大林

理想是人生的灯塔

信念是前行的风帆

在沈阳

红色历史、红色故事、红色精神

集中凝练了英雄城市的新名片

也滋养了沈阳儿女的理想信念

每一个英雄故事

都是一曲生命的赞歌

每一段红色记忆

都是一份精神的瑰宝

……

中共满洲省委旧址，位于沈阳市和平区皇寺路福安巷 3 号，这里至今保留着一份重要宣言——《中共满洲省委为日本帝国主义武装占领满洲宣言》，这是由当时中共满洲省委发出的中国第一份抗日宣言，证明了中国共产党不仅是 14 年抗战的首倡者，也是抗战的最

中共满洲省委旧址

早实践者。

时光荏苒，每当我在这里驻足，都不禁回想起当年民族危亡的关键时刻，中国共产党人勇敢战斗在抗日最前线，支撑起中华民族救亡图存的希望，成为全民族抗战的中流砥柱，以及后来东北地区各级党组织领导东北民众开展长达 14 年的艰苦卓绝抗日斗争的峥嵘往事！

2023 年，沈阳团市委、市少工委广泛开展红色打卡活动，发挥少先队实践育人作用，助力沈阳英雄城市塑造，我和许多少年朋友们来到中共满洲省委旧址，追忆英雄走过的战斗历程，感受旧砖墙上斑驳光影里深藏的信仰之光。

探寻"六地"红色文化，追溯英雄血脉根源。每当行走在沈阳的红色遗址遗存，我的心中总会涌起无尽的激情——隐蔽战线上的传奇人物阎宝航，以救国救民为己任却英年早逝的高子升，年仅 22 岁就成为中共满洲省委代理书记的李耀奎……他们的故事就像一颗颗璀璨的明珠，照亮了这座城市，也给了这里的人们无尽的勇气和力量。

英雄城市是对传承英雄血脉、弘扬英雄精神的城市所作出的最崇高的礼赞。沈阳是中国的英雄城市之一，在红色精神的指引下，涌现出无数英雄儿女，他们用血和火铸就了辉煌篇章，书写出抗战精神、抗美援朝精神、劳模精神、雷锋精神等伟大精神，沉淀了沈阳这座英雄城市的独特底蕴。

我想把发生在这里的英雄故事讲述给每一位翩翩少年。因为，他们是祖国的花朵，是未来的希望，是民族的栋梁。我希望，他们都能从英雄的故事中感受到信仰的力量，在面对困难和挑战时，勇敢地追求自己的梦想！

（作者系辽宁省政协委员，共青团沈阳市委副书记）

唤醒祖国沉睡的高山

赵　伟

　　刘冰，辽宁省第七地质大队有限责任公司地质勘查院院长、九三学社特约工作委员会副主任、地质高级工程师。他30余年如一日，全身心投入"为国找矿"的事业，用百折不挠的意志书写了地质勘查的传奇。

　　地质勘查是一个与大山打交道的行业，工作条件艰苦。没有房子就搭帐篷，没有自来水就打冰吃雪，没有电源和手机信号便与世隔绝。毕业于中国地质大学矿产地质勘查专业的刘冰，已到天命之年，但每年在野外的工作时间仍保持在8个月以上。每一次赴野外找矿，刘冰都凭借着对地质工作的热爱，翻山越岭，从不退缩。在负责新房金矿项目期间，有一次上山，因河水上涨，只能蹚水过河，刘冰阻止大家蹚河，自己却冲进初春冰冷刺骨的河水中，搬起石头为团队铺路。偶遇刮风下雨，他总会最后一个回来，确保每一位同志都安全到达营地。每当项目结束后他回到家里，妻子见他又黑又瘦，像变了个人似的，都忍不住偷偷地流泪。

　　功夫不负有心人，经过多年无悔付出，刘冰先后完成了区域地质调查、矿产地质勘查等10余项重点项目，为国家经济建设提供了大批"工业粮食"。

找矿工作并不是一帆风顺的。2011 年开展的新房金矿详查，在施工 2 个钻孔后，依然没有见矿。但在研究以往工作资料后，刘冰坚信新房地区找矿前景优越。他带领项目组奋斗多个昼夜，重新布设钻孔，终于在 ZK106-1 钻孔中见到金矿体，提交金矿石资源量 128 万吨，填补了庄河地区的找矿盲区，使整个辽东地区金矿找矿更有前景。

2022 年开始，刘冰担任"辽宁省凤城市硼矿重点找矿靶区验证"项目负责人。面对国家战略性矿产硼矿紧缺的形势，顶着辽宁作为我国最重要的固体硼矿产区却急需开展新一轮硼矿找矿工作的压力，他每天躬身于凤城地区的深山密林，一天的工作下来，汗水早已浸透衣衫。因硼矿勘查项目过程中难免对山地树木造成一定的破坏，刘冰牢记"建设绿色矿山、守护绿水青山"的宗旨，带领项目组成员对每一处破坏地均进行了场地平覆复绿。

刘冰坚守三句话："以献身地质事业为荣，以找矿立功为荣，以

刘冰与同事进行勘查工作

艰苦奋斗为荣。"刘冰和他的团队矢志不渝地将"地质报国"信念融入骨血中，主动奉献地质、服务地方，为国家战略资源保障、国民经济建设和社会发展作出了重要贡献。

筚路蓝缕，以启山林。选择了地勘事业就意味着选择了寂寞孤独，选择了苦脏累险，选择了聚少离多。但这一切努力不会白费，像歌里唱的那样——山知道我，江河知道我，祖国不会忘记我！

（作者系辽宁省政协委员，丹东市政协副主席，九三学社丹东市委会主委）

千年辽瓷的印迹

王继军

历史："薪火烛天五百年"的江官窑

辽代陶瓷，简称"辽瓷"，始于1000多年前的北方大地，是辽代在继承唐朝的传统技术、吸收五代和北宋中原地区新工艺的基础上发展创新的独具特色的陶瓷，是中国瓷器历史上唯一一个以少数民族政权命名的瓷器种类，具有白山黑水般鲜明的地方色彩和浓郁的游牧民族特点。

辽代设有"五京"，现今的辽阳就是辽代的东京辽阳府。在辽阳城东、燕州城下、太子河畔，有一座代表辽瓷发展高峰的辽金代古柴窑遗址——江官窑。江官窑是中国陶瓷手工业发展传播的源头之一，是目前北方地区唯一一处保存较好的大型手工工场遗存。如今，江官窑已成为国家级重点文物保护单位。

江官窑位于辽阳市文圣区小屯镇江官屯村，是辽金时期东北第一大窑场、"五京七窑"之一。太子河与江官窑相依为伴，窑因水而兴，水因窑而名，太子河水域四通八达，使得江官窑产品得以流通全国乃至泛亚欧地区。《中国陶瓷史》记载，江官窑"始于辽，盛于金，元代渐衰停烧"。

江官窑烧瓷以白釉瓷为主，也称辽白定胎，除白瓷外，江官窑还烧制黑白釉小俑、狗、马、骆驼等小玩具。在烧制过程中有丰富的装饰技法，技术高超。其铁锈花技法突破了单色釉的局限，具有传统水墨画的艺术效果，并把中国的传统绘画、书法技艺与制瓷工艺结合起来，创造了北方古代陶瓷美学的新境界。产品造型古朴、品种繁多、绘画娴熟、质地粗犷，极富北方民族特色，无论是小型器品还是大件用品，都非常精美。

2013年7月至2016年10月，辽宁省文物考古研究所对这里进行了长达三年的考古发掘，初步还原了这个"十里窑厂"的历史原貌，确定了它本来的"东京官窑"的地位。

江官窑开启了东北地区瓷器烧造历史，是中国东北地区最早的窑址，也是我国北方窑口的集大成者，有"薪火烛天五百年"之说，在中国陶瓷史上的地位不可低估。

弘扬：大力宣传千年古窑　复兴昔日辉煌

为复兴辽阳江官陶瓷的辉煌，民盟辽阳市委会发挥文化界别优势，积极围绕振兴古城陶瓷产业议政建言，提出的"成立市工艺美术学会（陶瓷学会）"的建议得到市科协的采纳落实。与此同时，民盟辽阳市委会还按照"好参谋、好帮手、好同事"的要求，主动投身助力辽阳陶瓷产业发展的主战场，组织盟员创作歌曲《梦回江官》（在辽阳电视台、辽阳博物馆播放），大力宣传千年古窑；助力辽阳市文圣区政府举办首届辽阳江官陶瓷文化节；在沈阳工业大学辽阳分校成立辽瓷江官窑釉料研究小组，举办江官陶瓷复烧作品展等，不断扩大辽瓷的影响力。

传承：第八代传承人调配出具有辽金古窑遗韵的泥料

陶瓷雕塑手工技艺都是由老一辈陶工通过口传身授，一代代传承下来的，工艺复杂，工序繁多。古人说："共计一坯之力，过手七十二，方克成器。其中微细节目，尚不能尽也。"

辽阳市工艺美术学会（陶瓷学会）会长、辽宁建筑职业学院文创中心主任、民盟盟员李博杨是江官窑陶瓷雕塑手工技艺第八代传承人，辽瓷江官窑特邀专家。多年来，他凭着对陶瓷艺术的热爱，潜心研究陶瓷技艺，并一直致力于传承弘扬辽瓷，特别是辽阳江官窑瓷器艺术文化。

李博杨在江官窑周边的灯塔市西大窑镇、辽阳县下达河乡等地采集大量矿本，调配出具有辽金古窑遗韵的泥料。辽阳弓长岭铁矿是亚洲稀少的富铁矿，每年产生的铁尾矿约1100万吨，库存达2.2亿

李博杨与他的作品

113

吨，长期闲置。李博杨将铁尾矿粉与当地特产的钾长石、钠长石、石英等金属元素结合，变废为宝，开发出带银片效果的釉料，填补了辽宁陶土空白，改变了辽宁一直靠南方陶泥制作陶瓷的状况。他主持及参与"江官窑陶瓷泥料分析及应用"等国家、省、市级科研课题 10 余项，在《陶瓷研究》等国家级期刊发表《辽代兔纹瓷器的分析》等学术论文二十余篇，不遗余力地弘扬辽瓷文化。

弘扬辽瓷文化，扩大江官窑影响力，必将让古城辽阳这张名片更加熠熠生辉，在振兴发展中结出丰硕成果！

（作者系辽宁省政协委员，辽阳市政协副主席，民盟辽阳市委会主委）

民主人士从大连登陆，踏上多党合作之路

岳君年

每座城市都有属于自己的故事，这些故事不仅记录了城市的发展和人民的奋斗，也承载着这里所经历的风雨沧桑，形成了独有的历史文化，铸就了城市的精神魅力。

我要讲述的故事，发生在美丽的海滨城市大连，这里因港而生，以港闻名，位于大连港二码头的信号台是大连市的标志性建筑之一，它不仅"亲历"了昔日"北方第一大港"的辉煌，更见证了新中国建立的光荣历史。

1949 年 1 月 7 日，李济深等民主人士乘坐的"阿尔丹"号货轮，就是在这座信号台的指引下登陆大连，并由此转道沈阳奔赴北平（今北京），参与协商建国。时间回到 1948 年 4 月 30 日，这一天，中共中央发布了具有历史意义的战斗号召"纪念五一劳动节口号"，口号的第五项提出，各民主党派、各人民团体、各社会贤达迅速召开政治协商会议，讨论并实现召集人民代表大会，成立民主联合政府。"五一口号"向全世界宣告中共中央要联合各民主党派等一切进步力量建设崭新的中国。5 月 5 日，李济深、何香凝等人代表民革和其他民主党派负责人及民主人士，为响应中共的"五一号召"，联名致电中共中央毛泽东主席，认为中共关于召开政治协商会议、

成立民主联合政府的号召，符合时势之要求，尤符同人等之本旨，他们表示完全赞同并通过《华商报》通电全国。

在中共中央的周密安排下，民主人士分批北上进入解放区，大连成为民主人士秘密北上的前哨指挥所和重要中转站，承担了接送民主人士北上的重要使命。第一批北上的民主人士于 1948 年 9 月 12 日由香港启程，9 月 29 日抵达哈尔滨。第二批北上的民主人士于 1948 年 11 月 23 日由香港启程，12 月 26 日抵达沈阳。1949 年 1 月 10 日，李济深等第三批民主人士从香港出发，于大连港登陆。周恩来亲自指挥筹划这次北上的行程，要求一定在大连港靠岸，部署了大连的接待工作，特意强调安排在大连最好的饭店，民主人士的领导人要住单间，而且因为是冬天，要给他们准备过冬的衣服。

1948 年 12 月 26 日晚，李济深等民主人士在中共香港分局等各方的巧妙安排下，避开国民党特务和港英当局警察的监视，登上了阿尔丹号，顺利离港北上解放区。1949 年 1 月 7 日早 8 时，第三批民主人士登陆大连，下榻到当时大连最大的酒店（现大连宾馆），中午在关东酒楼（现大连饭店）参加欢迎宴席，同时，他们还收到了棉衣、貂皮帽子、貂皮大衣。这些民主人士表示非常感谢，纷纷要拿钱来购买，接待人员告诉他们，这些是解放区供给的，不需要花钱。民主人士对大连方面的热情接待颇为感慨。在大连，李济深看到了解放区的新气象，感受到了中国共产党的拳拳诚意，公开表示拥护中国共产党的领导。

1949 年 1 月 22 日，李济深同其他民主人士 55 人在沈阳联名发表了《对时局的意见》，拥护支持中共中央和毛泽东提出的八项和平条件，并强调："愿在中共领导下，献其绵薄，共策进行，以期中国人民民主革命之迅速成功，独立、自由、民主、幸福的新中国之早日实现。"这是各民主党派和无党派人士第一次集体以书面形式公开

五国饭店（今大连宾馆）

宣布自愿接受中国共产党领导，表明他们的政治立场和政治主张的重大转变。

1949 年 1 月 27 日，民革中央以组织名义在沈阳单独发表《对时局的声明》，进一步强调："革命的三民主义必定与新民主主义同其内容，而反帝、反封建、反官僚资本主义斗争的进行，又必须在中国的无产阶级政党——中共领导之下，才有不在中途夭折的保证。"表达了对中国共产党的政治认同、思想认同、情感认同、理论认同，再一次明确自觉接受中国共产党领导的政治主张，这代表中国共产党领导的多党合作进入了新的时期。

1949 年 2 月 19 日，东北局召集在沈民主人士举行全体会议，林伯渠代表中共中央欢迎民主人士到北平共商大事，李济深代表全体民主人士致辞，表示感谢并商定 2 月 23 日启程。民主人士于 2 月 25 日抵达北平，第二天中南海举行盛大欢迎会。1949 年 9 月 21 日至 30 日，中国人民政治协商会议第一届全体会议在北平中南海怀仁堂召开。

饱经百年风雨洗礼，大连港这座红色的信号台指引着"北上"归航的方向，目睹了民主人士踏上红色土地的瞬间，印证着民主党派与中国共产党"肝胆相照、荣辱与共"的无悔初心，展望着中华民族伟大复兴的未来。

香港、辽宁、北京，三处光辉地点，镌刻着使命担当。在大连，民主人士踏上了红色的热土；在辽宁，他们第一次公开表明接受中国共产党领导的政治态度，实践着接受领导、平等协商；奔赴北平，筹备新政协、建设新中国，从辽宁出发，民主人士坚定不移地走上了多党合作的大道。

（作者系辽宁省政协委员，民革辽宁省委会副主委，大连市政协副主席）

紧握驻村"接力棒" 跑好乡村振兴"接力赛"

王冬梅

　　高雪梅，现任民建盘锦市委会驻会副主委。2018 年 4 月，作为党外干部派到盘锦市盘山县沙岭镇任镇长助理，开始驻九台子村工作。正是从那时起，她用坚韧和执着，帮助九台子村村民开展了一场乡村振兴的"接力赛"。

精准定位——起跑！

　　驻九台子村工作期间，高雪梅一边与村两委共商乡村振兴发展之路，一边下沉到田间地头，奔忙于群众之间。经过驻村初期连续三个月对近百户村民的走访调研，高雪梅找到了九台子村乡村振兴发展"红色+产业振兴"路径，找到了九台子村致富的突破口。

蔬菜和水果种植是九台子村村民的主要收入来源之一，但苦于缺少致富带头人，缺少包装宣传，难以形成规模效应。高雪梅找村里大棚种植户提建议、出点子、找办法。在她的努力下，九台子村联合成立了乡村振兴示范产业园——"九台子村善园第一枪采摘园"。

建立乡村振兴示范产业园的效果立竿见影。当年，乡村振兴示范产业园的收入就翻了两倍多，产品供不应求。此后，园区由建园初期的5栋30亩发展为19栋100亩，产品品质更是声名远播。2019年，高雪梅携手民建会员在盘锦农产品博览会上，带领村民为果蔬、农家肠、地瓜等农产品宣传代言，成为博览会上最热闹的展台。2020年，在盘锦福街省农产品展销会上，在民建盘锦市委会的支持下，高雪梅继续为九台子村农产品代言。盘锦民建会员企业慕名而来，与采摘园正式签订了葡萄产销订单。

产品升级——交接！

虽然挂职早已结束，但乡村振兴示范产业园的每一处细微变化，高雪梅都能敏锐地捕捉到，高雪梅依旧持续关注着这里。

2023年5月，民建盘锦市委会市直一支部携手会员企业盘锦恒和泰服务有限公司、会友企业辽宁鸿运东来实业有限公司与九台子村两委举行了"助力乡村振兴社会服务实践点"和两家会员企业的果蔬基地揭牌仪式。

果树基地成立后，第一件事就是解决了果农一直想要给园区产品注册自己品牌商标的问题。高雪梅积极发挥会员服务社会作用，带领会员企业盘锦恒和泰服务有限公司与园区带头人共同商定为"九台子村善园第一枪采摘园"的农产品注册"单籽园"商标。采摘园不需要承担费用，并享有终身免费使用权。商标的注册让九台子的葡萄有了自己的品牌。

品牌推广的效应显而易见。通过推广宣传，产业园采摘量上浮近30%，复购率达到30%。产品除盘锦市场外，今年开始销往大连、沈阳、鞍山、阜新、葫芦岛、朝阳等地，产品再次出现供不应求的情况。目前，园区大棚从高雪梅离村时的19栋又扩展到22栋。

补齐短板——冲线！

采摘园的销路好了，物流配送成为横亘在九台子村面前的发展难题。为此，高雪梅积极发挥会员桥梁纽带作用，组织物流企业走进村子进行调研，并建议加开带货班车，将九台子村及周边区域的物流配送开通起来。经过沟通，客运公交公司决定在沙岭镇设立段家村公路驿站、公交助农合作点、村级物流集散点，2023年7月底开通运营。

这一举措解决了沙岭镇九台子村及周边村农副产品上行难问题。物流集散点的设立，打通了农副产品上行渠道。通过公交带货班车和物流专车运输，产业园的葡萄可以直接送到盘锦市区，或由盘锦公交客运集团德晟同城快递送达市区消费者手中。截至当年9月底，物流集散点开通近两月的时间，产业园通过物流向市区发货30余单，葡萄2000多片。

在各方支持下，高雪梅不懈努力，不仅改变了九台子村的面貌，更改变了村民们的生活观念。她用实际行动诠释了"乡村振兴"的理念，让九台子村焕发出新的生机和活力。如今，九台子村的环境变得更加整洁美丽，成为远近闻名的美丽乡村！

（作者系辽宁省政协委员，盘锦市政协副主席，民建盘锦市委会主委）

振兴突破正当时　返乡兴业天地宽

那前波

铲车平整场地，运输车往来穿梭，办公楼楼体封顶接近尾声，所有人都在为如期投产而奋力冲刺……当下，由上海市铁岭商会会员企业投资的昌图牧仙牛业科技有限公司10万头肉牛屠宰及深加工项目正在紧锣密鼓地建设中。该项目于2023年6月份注册、9月份开工，当年就投产运营。当年注册、当年建成、当年投产，项目不仅对铁岭市肉牛产业发展起到龙头拉动作用，也叫响了"赛马争先"的铁岭速度，成为铁岭市工商联精心运筹的得意一笔。

域外商会建设，激发游子桑梓情怀

2023年2月，铁岭市着手在北京、上海、深圳、江苏组建铁岭商会，铁岭市工商联闻令而动，积极发动各商会力量开展筹备工作，同时携带项目开展招商推介活动。这一举措不仅拓展了铁岭市在这些城市的经济文化交流，也使得更多在外铁岭民营企业家了解到家乡的发展变化，激发其"情系故里、反哺家乡"的双向奔赴行为。

在上海，铁岭市工商联向铁岭籍企业家传递铁岭市委、市政府对在沪铁岭籍企业家的关心、支持和问候，深入介绍家乡铁岭的发展态势、优势产业和项目。一系列的交流活动让远在他乡的铁岭企业家萌生回乡兴业的情怀和理想。"今后，我要做好一名家乡的宣传员，积极牵线搭桥，帮助家乡招商引资、招才引智，服务铁岭振兴发展。"在2023年9月上海市铁岭商会成立时，企业家们纷纷表示。其中，王雪峰的心情格外激动，因为他即将在家乡铁岭落地投产文章开头提到的10万头肉牛屠宰及深加工项目。

资源丰富+营商优良，促进项目落地生根

王雪峰是铁岭昌图人，在上海发展起来后，心系家乡的他一直想用自己的微薄之力回报家乡。在与铁岭市工商联共同筹备组建上海铁岭商会的过程中，他更加深入了解到铁岭市委、市政府为发展家乡付出的努力和尊商重商的拳拳诚意。

2023年3月31日，王雪峰踏上了久别的故土，实地走访了昌图远大换热器、远大散热器、中科（昌图）农机科技有限公司，了解了农机企业的发展现状，存在的问题和困难，现场对接杭州一家农机制造企业。之后的几个月里，王雪峰又邀请几位上海企业家到昌图县、调兵山市考察洽谈。

昌图县是全国西门塔尔牛的优种率较高的地区，本地养牛的农民比较多，有着丰富的养殖经验，加之当地秸秆资源、草料资源丰富。于是，"在昌图建一家以肉牛屠宰育肥加工销售为一体的畜牧业产业链公司，让父老乡亲养牛不愁销路，进厂当工人解决就业，利用自己在上海的牛肉销售渠道，打通一产二产三产，让农户、企业、政府三赢"的想法在王雪峰的心中越发笃定。

回到上海，王雪峰经过多方沟通协调，终于吸引了上海光明集团的支持。铁岭市工商联和昌图县政府更是积极为项目落地争取支

持，最大程度地降低项目硬性投资。天时、地利、人和，项目成功落户昌图。6月13日，辽宁昌图牧仙牛业科技有限公司成功注册。

管家式服务，护航企业健康发展

为了让项目早日完成，王雪峰多方奔走，全身心地推动项目。在各级政府的大力支持下，项目盘活了原有老屠宰场，并对其进行改扩建。项目总投资1亿元，改扩建生产车间1万平方米，改造冷库6000平方米，办公楼改造面积1500平方米，新采购标准化屠宰生产设备2套。改造后将实现年屠宰牛10万头，产值约30亿元，安置就业百人以上，纳税百万元以上。

牧仙牛业项目自洽谈以来，昌图县主要领导主动上门对接，了解企业政策需求，为企业全力争取相关优惠政策。项目签约后，又成立服务专班，各相关部门按照时间节点倒排工期，争取尽快完成相关手续办理。对项目的给排水、供热、供电、天然气、环评、土地手续等问题进行专题部署，保证项目按计划完成施工和投产运行。

项目投产后，打造线上线下互动、内贸与外贸相结合的新零售体系。同时，把产业做成产业链，在肉牛屠宰的前端加上养殖，对当地农户养殖的牛采取保护价收购，用企业拉动市场的利润反哺给农户，形成良性循环的产业链。

　　如此一来，一条集养殖、育肥、屠宰、加工、销售于一体的完整产业链，将为昌图养牛户提供源源不断的收入，带动他们走向富裕的道路，而产业链的发展也将促进当地经济的发展，提高区域竞争力，为昌图振兴发展作出积极的贡献！

（作者系辽宁省政协委员，铁岭市工商联主席）

新时代的"新农人"

王洪军

在葫芦岛西部偏远的山区，有一位朴实无华的农人。他的裤管上沾满了泥土，他的手上磨出了老茧。他是外界眼中的省劳动模范，而在家乡人的心中，他就是一位怀揣对家乡的满腔热情，带领父老乡亲们在致富道路上奔忙着的"老马"。

新模式实现新发展

马雪冬16岁开始从事农业种植，勤学好思的他通过不断的实践摸索，积累了丰富的种植经验，后来果断当起了农村经纪人。胆识过人的他率先打破旧思维，带头改变种植模式，将传统单一的种植玉米转为种植花生，仅此一项就使农民每亩地增收近700元，从此，作为致富领路人，他一战成名，在当地被村民们津津乐道，连连称赞。

2017年，马雪冬尝试规模化生产，流转土地817亩，种植"花育23"花生，解决了包括扶贫建档立卡户36户在内共100多人的剩余劳动力就业难题。在他的带动下，花生种植面积迅速向杨郊、钢屯、山神庙子等乡镇辐射扩大，实现约2万亩的规模经营，补齐了地方油料作物发展短板。

新品种迎来新热潮

2019 年，马雪冬到河北考察，观摩高油酸花生种植基地。这次考察不由得让他的内心泛起波澜，引进花生新品种的念头不断萦绕在他的脑海，让他久久不能平静。不久后，机会终于来了，马雪冬以与兴城智慧农业科技有限公司合作为契机，大胆引进河北农科院花生新品种"高油酸冀花 18"。新品种不仅出油率高，还能调节人体生理机能，长期食用能够帮助降低血脂，预防心脑血管硬化，增强免疫力等，市场前景广阔。乘着国家农业政策向好的东风，他成功试种 200 亩，较普通花生每亩又多增收 500 元。他开始尝到了新品种带来的增收甜头。

2020 年，马雪冬将高油酸花生种植规模发展到 2000 亩，后一度增加到 3000 亩，成为连山区良种繁育基地，平均亩产 735 斤。通过化肥减施增效和单粒播种大垄双行技术的保驾护航，成功育种了 147 万斤，可供 29400 亩土地种植，为油料保供率先开疆拓土。在他的示范带动下，许多花生种植大户纷纷将目光投向了新品种，连山区 10 个乡镇 20 余名种植大户到他的繁育基地参观后，随即开始向规模化经营转型，全区种植高油酸花生面积扩大到 5000 多亩，一时间在当地掀起了油料保供、致富创收的新热潮。

新阶段孕育新梦想

2021 年，马雪冬的花生繁种基地成为连山区高素质农民实训基地，他利用冬季农闲时节，组织周边农民参加高素质农民培训

连山区高素质农民培训

班，不仅带领学员去外地参观学习，还特聘外省市农业专家来基地授课。通过学习，种植户不仅全面掌握了农产品品牌营销、利润增效、高新培育技术、风险防范等一系列专业知识，更深刻地认识到，要想做好油料保供的大文章，必须以智慧农业作为内核驱动，做到"兴农于地，兴农于技"。为了促进农业生产提质增效，马雪冬组织13名农机手为新台门镇10个村927户提供耕、种、防全过程土地托管服务，初步实现了农业种植规模化、机械化、集约化，让农户实现种地、打工两不误，促使托管农户年均收入提至15000元。

百姓腰包鼓了，马雪冬笑了，乡村振兴的底气更足了。在他心里，当好新时代的"新农人"不只是眼前的职业，更是值得用情去守护一生的事业。"老马"识途，他在追梦的路上纵横驰骋，为美丽乡村建设续写崭新篇章！

（作者系辽宁省政协委员，葫芦岛市绥中县政协副主席）

发挥桥梁纽带作用　助力民营经济高质量发展

张利红

逢山开路，遇水架桥，一路风雨一路歌。民营企业成长在中国广袤的大地上，从一片荒芜的田野走来，在市场经济发展中应运而生，从小到大，从弱到强，不断发展壮大。

作为丹东市工商业联合会主席，我有幸见证了丹东市民营企业的蓬勃发展。在这个充满活力的城市，民营企业如同一颗颗璀璨的繁星，照亮了经济发展的天空，为丹东的繁荣稳定作出了巨大贡献。

凝聚广泛思想共识

丹东市工商联如同一座坚实的桥梁，连接着各个民营企业。通过举办执委会议、县区主席会长会议、专题培训、座谈研讨和开设专栏宣传等方式，持续推进党的二十大精神进企业、进商会、进基层。

在丹东浙江商会和中国黄金曲静珠宝公司分别设立民营经济领域党建示范教育点，教育引导商会组织和民营企业实地学习党的二十大精神，深刻感受到使命在肩、冲锋在前的责任与担当。

在五四青年节期间，以青年商会为依托，组织近40名青年企业家进企业、观建设、促交流，组织青年企业家赴苏州参加企业管理与创新发展研修班。通过教授讲课、现场对接交流和现场教学等形式，实地感受新兴产业和信息化融合发展的新趋势，助力企业家掌握最新资讯。

共谋民营经济发展

我们深知，民营企业的成功离不开政府的支持和政策的引导。丹东市工商联以"全国知名民企助力辽宁全面振兴新突破高端峰会"文化旅游产业专题活动和"全球辽商大会"活动为契机，积极发挥头部商会作用。活动期间，积极收集丹东籍在外发展的辽商信息，引流服务本地辽商投资兴业。活动结束后，坚定优化营商环境，落实落细惠企政策，提升政府服务效能，做好项目落地跟踪工作，为丹东市经济高质量发展奠定坚实基础。

为构建"优"的营商环境，举办全市民营企业家座谈会。市委、市政府和有关职能部门的主要领导与企业家代表齐聚一堂、畅所欲言，极大地激发了民营企业创新发展的信心和干劲。市工商联还与市纪委监委、市营商局、市公安局、市工信局、市科技局等多部门开展了多个主题不同的座谈、对接、撮合活动，聚焦民营经济发展的难点、痛点和堵点，及时掌握和回应企业的诉求，使支持企业发展的政策服务更接地气，更有成效。

搭建对外交流平台

为加强国际交流，促进开放合作，丹东市工商联积极对接邀请韩国浦项市代表团来丹东市开展项目考察和经贸交流，促进两市在港口建设、海运物流、水产加工等方面的经贸交流与合作，提升丹东市对外开放合作水平。同时，组织丹东市民营企业家代表团赴日本、韩国开展访问。

另外，组织丹东海合谷、孔雀表业、欣时代、江海明珠米业、奥龙射线仪器等企业参加中国国际服装服饰博览会、第133届中国进出口商品交易会、第29届中国兰州投资贸易洽谈会等展会，扩大企业品牌知名度和影响力，助力企业进一步开拓国内外市场。

上士闻道，勤而行之。新征程，使命在肩、责任重大，丹东市工商联将聚焦丹东所能、辽宁所需、未来所向，在新时代丹东、辽宁、东北全面振兴上展现更大担当和作为，既为一域争光，更为全局添彩！

（作者系辽宁省政协委员，丹东市政协副主席，丹东市工商联主席）

为辽宁振兴注入女企业家力量

翟小松

山海有情，天辽地宁。辽宁有着得天独厚的地理位置、自然风光和资源禀赋。辽宁产业基础雄厚，工业门类齐全、体系完备，是我国重要的工业基地，先后创造了 1000 余个共和国工业史上的"第一"，这些优势为辽宁的经济和社会发展提供了坚实的基础。近年来，辽宁大力优化营商环境，不断向好的投资环境和优质的公共服务为企业发展提供了有力的保障和支持。

我是土生土长的辽宁人，对这片土地有着深厚的情感，希望更多的人能够认识辽宁、走进辽宁。2023 年，我带领沈阳的女企业家们采取"走出去、引进来"的形式，精心策划了一系列宣传活动，充分利用各种渠道和资源，向投资者展示辽宁的产业优势、政策优惠和营商环境。同时，我们还组织会员企业参加上海进博会、海口消费品博览会，与上海、深圳、重庆、海口、广州等多地的企业家们进行交流学习。

2023 年 2 月，我带领沈阳的女企业家们，与沈阳市妇联领导一起前往广州、北京两地招商引资，效果显著。目前，已有日本东京加藤女子医院、香港绝色精雕生物科技医疗美学机构、香港轻康整合医学中心、乐胶网信息技术（苏州）有限公司四个项目签约落地

重庆市女企业家协会走进沈阳

沈阳，总投资近五亿元。这些项目的落地不仅为沈阳带来了投资和就业机会，也展示了辽宁的发展潜力和未来的发展方向。

2023 年的另一个"重头戏"是"振兴突破谋发展　融商融智巾帼行"活动。我们邀请 45 位重庆女企业家走进辽宁，开展招商宣传活动。女企业家们在沈阳故宫古代宫殿建筑群，领略盛京的厚重与辉煌；在张学良旧居，感受那个时代的风云变幻；在"九一八"历史博物馆，体会中华民族曾经的苦难与坚韧。一系列参观活动，渲染了浓烈的爱国氛围，也让浓郁的家国情怀升腾在每个人心间。

沈阳浑南自贸区的安拓国际产业园是集"厂""办""综"于一体的现代化高端智能产业园区，已签约企业共计 120 余家，其中高新企业 26 家、规上企业 9 家、雏鹰企业 11 家、瞪羚企业 2 家、科技及创新型中小企业若干、大学生实习基地 1 家。在听取沈阳招商局相关负责人的介绍后，沈阳优厚的招商政策扶持和园区优惠的入驻条件以及智能化、数字化、绿色化发展为主导的创业环境，吸引了多位重庆女企业家达成投资意向。

　　为了让重庆女企业家们更深入地了解辽宁，我们还特意安排了一场辽宁特色产品展示会，琳琅满目的商品让女企业家们目不暇接。重庆女企业家与多家辽宁企业签约合作，把辽宁的特产带回重庆，为辽宁的特色产品开拓了更广阔的市场。

　　在辽宁省沈抚改革创新示范区管委会，重庆女企业家们先后考察参观了沈抚示范区规划建设展示馆、辽宁（沈抚）数字经济创新育成中心，听取了关于示范区创建历程、空间布局以及近年来建设发展情况的介绍，详细了解了示范区数字经济领域平台建设、企业孵化、成果转化等工作的开展情况。参观考察过程中，大家边走边看，边听边议，纷纷为示范区经济社会发展取得的成绩点赞，对示范区上下同心协力抓项目的拼搏精神表示钦佩。

　　五天的旅程中，重庆女企业家们在各地园区及企业参访中不断汲取新信息、新思路，进一步加深了她们对辽沈大地的热爱。每一个产业园区的特色和优势不再是书面上的文字，而是形成实景，深深地印在了她们的脑海里。这些优势为辽宁的企业提供了广阔的市场和发展空间，也增加了众多女企业家们前来投资与合作的意向。

（作者系辽宁省政协委员，沈阳市女企业家协会会长）

来丹东，共赴一场湿地之约！

宋立跃

　　每年四五月份，丹东市东港市的姜信和、车勇夫妇都会来到鸭绿江口湿地保护区，赶赴一场特殊的"约会"。

　　这里是候鸟的天堂，每年这个时候，数以十万计的候鸟都会从遥远的澳大利亚、新西兰飞来，在这里觅食、休整月余，再启程飞往北极圈繁衍下一代。对候鸟而言，这里是漫漫迁徙之路上的"驿站"，而对姜信和夫妇来说，与鸟相约，寄托着他们对这片湿地深深的眷恋。

　　鸭绿江口湿地保护区位于东港市境内，1997 年 12 月 8 日经国务院批准为国家级自然保护区，是我国候鸟种类和数量最多的迁徙区。保护区内芦苇繁茂，潮滩盐沼、碱蓬盐沼面积广袤，一望无际，鸭绿江和大洋河等河流源源不断地输送着涓涓清水，广阔的浅海海域生存着数不尽的鱼、虾、蟹、蛤等海洋生物，良好的生态环境使其成为候鸟们的"五星级加油站"。

　　斑尾塍鹬是鸭绿江口的"湿地明星"。作为目前已知鸟类中连续不间断飞行的冠军，斑尾塍鹬可以在 8 天的时间里连续飞行 11000 余公里。每当日落时分，鸟群在夕阳余晖之下自由翱翔、齐飞共舞，"鸟浪"时而飘散，时而聚合，构成了一幅最为和谐壮美的生态画卷。

　　姜信和、车勇夫妇喜欢用相机定格这壮美的瞬间。姜信和原本是一名森林公安，出于热爱，他常年跋涉于鸭绿江口湿地，乐此不疲地追逐鸟类的身影，观察、记录、拍照。他的妻子车勇是他的"铁粉"，和他一起观鸟，一起守护着湿地鸟群。2017 年 5 月，夫妇二人从盗猎者手中救下数百只鸟蛋，经主管部门允许后，历经 151 天，进行人工孵化并放归自然。两年后，记录夫妇二人营救海鸟心路的摄影图集《与鸟相守的 151 天》获得多个国际、国内奖项。姜信和说："每当顺着鸟叫声仰望天际，我们都会把天空中飞来的每一只候鸟，当作自己孵化出来的鸟孩子。"

　　来自复旦大学的生态学博士张守栋同样也对鸭绿江口的这片湿地情有独钟。每年四五月份，他都会和他的科研团队来到这里。他们为候鸟做标记，安装追踪器。这种太阳能卫星追踪器形状就像背包一样，"穿"在候鸟身上，再将它放飞，就能动态地了解它的行踪，绘出它迁徙的"世界地图"。

除了鸻鹬类候鸟，在鸭绿江口湿地保护区，你还能看到 300 余种其他鸟类，其中包括白尾海雕、黑脸琵鹭等 18 种国家一级重点保护鸟类，以及大天鹅、鸿雁等 58 种国家二级重点保护鸟类。这些鸟类在这片保护区内繁衍，与 70 余种鱼类及两栖类、哺乳类动物和合共生，组成了一条完美的生存链条，也让保护区成为一座永久性的生物基因库，使许多珍稀、濒危动植物资源得以长期保存，为人类生态学、遗传学的科学研究和野生动植物资源的保护提供了最佳场所。

2022 年，习近平总书记在《湿地公约》第十四届缔约方大会开幕式上的致辞中提出"建设人与自然和谐共生的现代化，推进湿地保护事业高质量发展"。人与自然和谐共生，这正是习近平生态文明思想的重要内涵，同时也是鸭绿江口湿地保护区建设的未来美好愿景。

最是一年春好处，候鸟们又要飞来鸭绿江口湿地休养生息，姜信和夫妇的"一年之约"又将如期而至，张守栋博士也将开始新的研究。"同在天地间，人鸟共和谐"，这是所有深爱着这片湿地的人们的美丽愿望。冬去春来，聆听着海风的声音，鸭绿江口湿地正在慢慢苏醒，与鸟儿一起，期待着与您相约。

（作者系辽宁省政协委员，丹东市政协党组书记、主席）

从赛马之"煤"到赛马之"美",
矿业小镇大变身

陈　德

位于凤城市最北部的赛马镇,是辽宁省 100 个中心镇之一。这里因煤而兴、因煤而困。在煤炭经济最繁荣的时期,全镇大小煤矿达 300 多个,一度是全市经济的"主要造血库"。2017 年,在国家淘汰落后产能和产业结构调整的大背景下,赛马镇将辖区内的煤矿全部关闭。面对转型发展的阵痛,赛马镇党委、政府结合镇内实际,在"十四五"规划中,提出了"从黑变白、从煤到美"的经济转型战略,既要"金山银山",又要"绿水青山"。

转型升级　突出特色产业

随着全镇煤炭矿山全部关停,镇党委、政府积极推进以石灰石开采加工为主导的工业发展模式,促进镇内经济快速复苏,基本发展成全产业链钙业小镇。

围绕当地山区丰富的旅游资源,赛马镇党委、政府以旅游经济作为切入口,鼓励引导"煤炭资本"转向发展绿色产业,投资农业产业化和生态农业综合开发项目,探索发展生态园林、乡土风情、文化体验、休闲观光等特色产业，全面打造旅游小镇，实现生态建设、产业发展、农民致富，逐渐走出一条从"一煤独大"到"生态支撑"、从"黑色经济"到"绿色经济"、从"煤"到"美"的高质量发展道路。

旅游名镇　四季秀美宜人

依托镇内蒲石河国家 4A 级旅游景区、天锅古洞国家 3A 级旅游景区以及以红色教育、乡愁文化、休闲度假为主题的"三浓新村"三个景区，赛马镇把自然风光、地质奇观、红色文化和乡土风貌与现代旅游需求有机结合，推出多种旅游线路，让赛马旅游吸引人、能留人、留住人，实现周末旅游经济，打造独具一格的旅游名镇。

蒲石河森林公园原始生态保持良好，山峰连绵起伏，森林原始茂密，河水甘洌清澈，有多种野生动物，四季风景秀美。春季木兰花和映山红，漫山遍野尽春风；夏季凉爽宜人，常现云海奇观；秋季枫叶火红，层林尽染；冬季林海雪原，冰雪项目别具特色。休闲旅游度假区多次提档升级，建成索道、竹筏游船、呐喊喷泉、东北抗联"密营"红色资源等，将景区打造成集生态山水休闲、景色观光、丛林探险、红色教育等于一体的森林公园。

天锅古洞

"洞在山中幽，水在洞中流，人在画中走，心在梦中游"是辽宁赛马天锅古洞景区旅游项目的真

141

实写照。景区内的天然洞穴景观冬夏恒温如春，洞内钟乳石形态各异，洞内景区总长度 2700 米，总面积 12000 平方米，凸显经亿万年冲刷、溶解而成的"天锅""理石"及"蚀余体"景观，洞内大小"天锅"有 12800 多个，其规模之大、集中连片，为国内外罕见。

红色基地　弘扬抗联精神

赛马镇是东北抗联西征的出发地，是东北抗联第一军的主要抗日阵地，先后进行了梨树甸子、摩天岭等数十个大小战役，同时，也是第一军政治部主任宋铁岩烈士的牺牲地。2022 年 7 月，赛马镇"凤北抗联遗址"被确认为辽宁省省级文物保护单位。

不忘初心使命，坚定理想信念。在充分挖掘赛马旅游资源、文化底蕴和民间民俗的基础上，赛马镇现形成集观蒲石河自然风光、赏天锅古洞天然神韵、忆抗联英雄民族精神、品赛马风土人情于一体的精品旅游路线。未来，赛马镇将以更宽的视野、更大的气魄，持续奏响经济转型的"变奏曲"。

（作者系辽宁省政协委员，丹东凤城市政协副主席）

为"中国饭碗"装上更多辽宁稻米

隋国民

辽宁地处北纬38度到43度的黄金农业纬度带，是全国13个粮食主产区之一，肥沃的黑土地孕育出独有的好食材——辽米。

辽米之好，源于产地优势

辽宁属温带季风气候，光热资源充足，土壤肥沃的辽河平原蕴含丰富的有机质，生产的水稻颗粒晶莹饱满。辽宁水稻的种植面积达800万亩，平均亩产540公斤，高于全国平均产量70~100公斤。域内的主要水域辽河全长1390千米，流域面积6.92万平方千米，其流经北部及东部稻区的水系称"清河"。据《开原县志》记载："本境清河水质清而甘，于稻为最宜，米为食中上品。"相传，1783年，乾隆祭祖途经清河，忽闻谷香扑鼻，在得知此地为清河稻米产区后，册封此地为"清河福米之乡"。

地处辽河下游的环渤

海稻区则盛产"盘锦大米"，其核心地带辽河三角洲红海滩被誉为"湿地之都"，因富含碱质土壤，盛产的优质大米也称"碱道大米"。盘锦地区还具有独特的稻田养蟹模式，稻蟹共生、水稻护蟹、蟹吃虫饵、蟹粪肥田，"蟹田米"亦由此诞生。稻蟹共生期间，无农药、少化肥，生态环保，成就了蟹田米光亮透明、色泽均匀、口感柔软、味道清新、营养丰富等特点。

辽米之好，源于良种

中华人民共和国成立以前，辽宁各地大多以种植地方品种、日本品种或朝鲜品种为主，亩产不足 200 公斤。半个世纪以来，辽宁省农业科学院、沈阳农业大学等科研院所及育种专家，将理想株型与优势利用相结合，开展自主粳稻品种选育工作，相继研发出辽粳系列、沈农系列、盐粳系列等优质高产水稻新品种 500 余个，其中，辽星 1 号大米被评为"中国金奖大米"及中国名牌产品，以盐丰系列水稻品种为原粮生产的盘锦大米享誉全国。

近年来，采用常规育种和分子育种技术相结合的方式，辽宁水稻优质食味新品种选育取得跨越式新突破，所育成的辽粳 433、盐粳 219、粳优 653、沈农 508、沈稻 529、锦稻 109 六个品种相继荣获第三届及第四届全国优质稻品种食味品质鉴评金奖，其中辽粳 433 食味值超过 90 分，口感赶超日本品种越光、一誉等。

辽米之好，源于好品牌

辽宁盛产的优质大米没有高调夸张的宣传，没有昂贵奢华的包装，但凭借清白油亮的色泽、软糯鲜香的口感，早已悄然端上了全国人民的餐桌。

经评估，2023年盘锦大米品牌市值已达592亿元。益海嘉里、中粮集团、十月稻田等国家级龙头企业纷纷在辽宁建厂，以本地特色品种为原粮，生产了"金龙鱼""福临门""鸭绿江""天禹""绿荷"等优质品牌稻米，全省年加工能力约1000万吨。盘锦大米、东港大米、营口大米、桓仁大米、新宾大米、灯塔大米、铁岭大米等地理标志产品也远销北京、上海、广东、河北等20余个省市，为中国人的饭碗装满了优质的中国粮。

为了满足人民日益增长的美好生活需要，未来，辽宁省将围绕辽河流域水稻优势特色产业带和中部平原优势水稻生产区、滨海优势水稻生产区，重点打造"一带、两区"优质粳稻产业集群。在优质食味品种研发的基础上，努力做好稻米产业基地、市场、品牌、精深加工四篇文章，打造辽宁稻米产业品牌，为"中国饭碗"添加最安全、最美味的食粮。

（作者系辽宁省政协委员，辽宁省农业科学院党组书记、院长，省政协农业和农村委员会副主任）

丹东重振轻纺　续写工业辉煌

何天彪

　　丹东，这座因为抗美援朝作出重大贡献和牺牲而被世人熟知的全国最大的边境城市，不仅仅是一座英雄城市，更是一座曾在车辆、机械、电子制造业等方面在全国独领风骚的工业城市。

　　1957 年，中国第一辆轮式拖拉机"鸭绿江一号"诞生在丹东，并于 1958 年 10 月 1 日驶过天安门广场，接受党和人民的检阅，毛主席亲自作出批示，那是丹东工业史上的高光时刻；20 世纪 70 年代末，丹东电视机厂生产的菊花牌电视机畅销全国，远销国际；80 年代，丹东照相机厂生产的牡丹相机曾在全国相机评比中获双镜头反光相机第二名；90 年代，丹东汽车制造厂生产的黄海客车更是扎根在百姓心里的知名品牌。在所有工业项目中，丹东的轻纺工业也曾名震一时。

　　翻开我国的丝绸生产历史，素有"南桑北柞"一说。"北柞"指的就是丹东地区的柞蚕，柞蚕丝是生产丝绸的原料，中国的柞蚕资源 85% 在辽宁，辽宁的柞蚕资源 80% 在丹东。一百多年来，丹东一直是全国最大的柞蚕原料加工和柞蚕丝绸生产基地，丹东柞蚕丝绸，中外驰名，是我国纺织业的传统出口产品。在 1992 年以前，丹东丝绸业的辉煌时期，全市丝绸业的年产值在 3.5 亿元~4.5 亿元之间。

　　为了重振丹东轻纺名城雄风，2020 年 12 月 5 日，首届中国丹东

丹东地区柞蚕

时装周暨防护纺织产业发展合作洽谈会在鸭绿江边启幕。时装周期间召开了辽宁省纺织服装协会柞蚕丝绸产业联盟成立大会，授予丹东高新区"中国防护纺织名城"牌匾，这既是对丹东轻纺工业辉煌历史的充分肯定，也是对丹东轻纺工业、柞蚕丝绸产业的高度认可。

现如今，在丹东凤城市，辽宁省蚕业科学研究所生态柞园示范区已经成为全国最大的柞蚕种质资源库，保育了我国70%以上的柞蚕种质资源，包括青黄蚕、黄蚕、蓝蚕、白蚕、红蚕及绿蚕等多种体色的柞蚕品种。研究所是省级蚕桑专业科研单位，在柞蚕新品种选育与资源保护、柞蚕病虫害防控等研究领域都具有国际领先水平。建所以来，共取得220余项专业科技成果，占全国柞蚕科技成果总数的70%，先后斩获5项国家发明奖、2项国家科技进步奖及7项省部级一等奖，构成了我国柞蚕生产的核心技术体系。

丹东物产丰富，工业底蕴充盈。如今的丹东，经济总量不断增长，工业结构不断优化，民生工程不断改善，产业动能不断蓄积。丹东工业曾经的辉煌正在被重新书写，未来已来，丹东工业前景光明，必将重振雄风。

（作者系辽宁省政协委员，丹东市政协副主席，民盟丹东市委主委）

147

"观众"变"演员"，
阜新"百团"贡献文化力量

齐 玮

时值盛夏，细河清波荡漾，荷叶碧绿如洗。漫步在河岸，耳畔
总会传来阵阵悠扬的乐曲声。走近后，会看到细河两岸的凉亭里、
树荫下、广场上，有很多艺术团队：有的吹拉弹唱，有的翩翩起舞，
有的挥毫泼墨……他们用艺术激情演绎着幸福美好的生活。

"百团"在特色文化基地组织活动

这就是阜新，一座融自然山水与人文景观为一体的魅力之城。那一个个充满艺术气息的画面，是阜新人民丰富业余文化生活的缩影；那一支支团队也有一个共同的名字——阜新百个社会艺术团体（简称"百团"）。

2011 年，在阜新市委、市政府"文化兴市"战略引领下，"百团"项目正式启动。作为主要负责人，我和群众艺术馆的同事们每天乐此不疲，忙并快乐着——让更多的"观众"变成"演员"，让更多热爱艺术的人站到全市群众文化的大舞台上，是我们最大的梦想。我们坚信，"百团"必将点燃阜新群众文化振兴的火炬。

"百团"是把分散在全市城乡、社区自发组成的业余艺术表演团队组建起来进行统筹管理，在全市打造一百支优秀社会艺术表演团队。回想起那段时光，当时最困扰我的问题就是如何对业余艺术团队进行统筹管理，帮助他们提升艺术水准，并创造机会让他们在全市人民面前展示。

为了寻求答案，我和同事们每天下班后就跑去城区几个主要艺术团队的活动点和他们"唠嗑"，并指导编排节目。时机成熟后，我和几个团队的领队提出了打造"百团"的想法。他们痛快地答应说："齐老师，你就说咋整？我们一定支持你工作。"得到城区几个主要团队的支持后，我们就更有信心开展工作了。先是对社会团队进行发动和宣传，通过"请进艺术馆"为他们举办每周一次的公益大讲堂和"走出去"到他们团队的活动地进行辅导，帮助他们提高艺术水准。为了实现"百团"的舞台梦，我们还每年为他们举办全市"百团"文艺节目调演。多年来，"百团"艺术表演水平越发精湛，艺术表演形式也由单一到多元，由过去几个团队联合演出一场晚会到近年来一个团队就可以单独演出一场晚会。"百团"在各类大型晚会上频频亮相，着实火了起来！

一次"百团调演"结束后，一位队员找到我，特别激动地说："齐老师，特别感谢你们。以前，我们团队演出时也没人来看。现在有了'百团'，不仅平时有老师指导，演出时还有这么多人来看，我演得特有劲儿！"感动之余，我也很想感谢他们——我们帮助他们圆了"艺术梦"，他们帮我们圆了"百团梦"！

十年来，"百团"队伍延伸到了城市、乡村、社区、企事业单位和学校，数万群众走进了"百团"，数十万群众享受着文化艺术带给他们的快乐。特别是2018年，"百团"荣获辽宁省"优秀文化志愿服务项目"称号。我很荣幸见证了"百团"的从无到有，从少到多，从稚嫩到成熟，从鲜为人知到众所周知，他们为阜新文化的发展作出了积极的贡献。

习近平总书记指出，文化兴国运兴，文化强民族强。经济振兴，需要文化先行。在阜新文化振兴的路程上，我们要打造更多如"百团"一样的惠民项目，为这座"玛瑙城""篮球城""温泉城""赛道城"和"智能城"贡献文化力量。

（作者系辽宁省政协委员，阜新市公共文化服务中心副主任）

世外桃源　峰奇泉秀　木兰飘香

张　斌

你知道海城东部山区有个九龙川吗？它不仅是省级生态自然保护区，还是摄影、绘画爱好者的天堂！今天就让我带你走进鞍山人心中的这片世外桃源……

八月的九龙川绿树成荫，生机盎然，虽然已到盛夏季节，但慕名而来的户外"驴友"穿林钻山，赏花鉴草，络绎不绝。行走在蜿蜒的山间小道，扑面而来的野草芳香沁人心脾，令人陶醉，这里是天然的大氧吧！

泉水叮咚，涓涓流淌，错落有致的河床形成了近百处微型瀑布群，深潭清澈见底。高山小鲵在这里生存，这是海城河源头的一条主要干流，经权威机构检测，水质达到国家一类标准，属于重碳酸钙镁型低钠水。九龙川每个沟都有泉眼，山泉水经过地表植被和山体的层层过滤，非常干净，尤其是被遍布山里的中草药根子浸泡后，流淌出来的山泉水营养价值大增，水体外表清澈，水质凉爽，味道甘甜，可以直接饮用。

冬天的冰瀑更引人入胜，这是目前已知的海城东部山区唯一的一处天然瀑布，瀑布下的山嘴水库像一块瑰丽的碧玉镶嵌在雄伟的群峰之中，有人称它为"海城天池"！

海拔 1018 米的测量架山和 931 米的一棵树岭，在云雾缭绕的远方若隐若现。落叶松笔直挺拔，耸入云端。最令人称奇的是一种珍稀植物"高山芦苇"，密密麻麻地长满了河道的两侧。据说，高山芦苇是环境优劣的晴雨表，当环境不好或有人烟时就停止生长，当环境好时就疯狂生长，成为一道亮丽的风景。

1300 多年前的唐文化，在这里留下了无数的人文典故和历史传说，这给九龙川增添了浓厚的文化底蕴。文人墨客在这里吟诗颂词，对酒当歌。保护区内有森林 2 万余亩，各类动物 300 余种，植物种类多达 1094 种，森林植被覆盖率达 92%。这里有 13 种国家级、省级珍贵植物，近 30 种珍贵动物，我国三大珍贵阔叶树种黄菠萝、水曲柳、胡桃楸及山鸡、狗子、野猪等野生动物在这里随处可见，野山参、刺五加、灵芝、细辛等名贵中草药遍布林中，这里是野生动物的乐园，是动植物的天然标本库和基因库。

天女木兰是九龙川的灵魂，它是第四纪冰川时期幸存的古老树种，是国家濒危植物之一，属国家三级保护植物。天女木兰是辽宁省省花，中国的第一艘航空母舰"辽宁号"舰徽中就嵌入了天女木

兰花，象征着中国第一艘航母的诞生地，同时也向世人昭示着中国人民解放军不仅是威武之师，同时也是文明之师、和平之师。

2000 年，九龙川成功获批占地 34 平方公里的省级森林自然保护区；2010 年，九龙川成为沃尔玛超市东北地区唯一的

食用菌直采基地；2016 年，九龙川香菇喜获国家地理标志产品认证。

这就是海城的桃花源，海城旅游资源的最后一块处女地。放眼未来，九龙川自然保护区将会成为人们休闲度假、乐不思蜀的生态旅游胜地；九龙川的食用菌、山野菜、中草药、柞蚕、低钠山泉水等特色资源必将掀起保护性开发的热潮，生活在这里的人们会更加安居乐业，生生不息……

(作者系海城市政协委员，海城市政协经济委主任)

一名交通警察的本色与担当

马艳秋

刁海林，一个在大家眼中勤勤恳恳工作的普通交警。2019 年国庆节前夕，一份由中共中央、国务院、中央军委颁发的庆祝中华人民共和国成立 70 周年的纪念章邮寄到了铁岭县公安局交警大队，收件人是刁海林。原来大家眼里面色黝黑，不善言谈，甚至有时还略显木讷的老民警，竟然曾参加过自卫反击战，而且是立了一等功的侦查英雄！同事们这才恍然明白，这个沉默寡言地在交警一线岗位工作多年的"老刁"，对工作虔诚，对荣誉淡泊的真正原因。

30 年前，侦查英雄刁海林脱下军装，收起一等功的奖章，穿上警服，成为一名普通的人民警察。从警之后，刁海林多次立功受奖：2019 年 12 月被省公安厅评为最美警察，2020 年 1 月被省总工会授予"辽宁五一劳动奖章"，2021 年 4 月被中华全国总工会评为成绩突出个人，2022 年 5 月被公安部评为全国优秀民警。这么多荣誉在身，可他却只想踏踏实实地做好本职工作。

克服病痛，执着前行，舍家忘我地践行警察誓言。年过五十的刁海林，是铁岭县公安局交警大队的中队长，每天的工作就是负责在辖区巡逻，检查车辆违法行为，在上学放学的时间去辖区学校维护交通秩序。铁岭县辖区巡逻路段有 2000 多公里，他每天 6 点钟上

岗，巡逻车就是办公室，累了就在车里休息一会儿。了解刁海林的人都知道，他患有相当严重的战争综合征，时常会出现肌肉僵硬、全身颤抖、失眠等特殊症状。刚入警时，他因为抓捕犯罪嫌疑人，不幸手臂负伤，多年未愈，后又患上糖尿病。领导曾考虑让他换岗，可是刁海林说："既然我决定出来工作，就好好干，发挥自己的价值，要不还不如回家待着。"

真诚为民，善小情真，平凡之处彰显爱民情怀。刁海林始终告诫自己"位卑不忘责任重，履职不失公仆心"。入冬以后，雨雪天气增多，铁岭县交警大队所辖的 102 线车流量大，路况复杂，雨雪天气极易发生堵车。"每次下雪，刁叔就带着我们到路上疏导交通，一站就是一晚上，从半夜十二点一直忙活到早上五六点钟才休息。"刚参加工作的辅警杨明说，他一直跟刁叔一个班，在刁叔身上学到了很多。他知道刁叔身体不好，有时候劝刁叔休息，可是刁叔总对他说："咱出来干工作就好好干，工作是给自己干的，不是给别人干的。"

不怕吃苦，冲锋在前，履职尽责，守护一方平安。在交警一线工作多年，刁海林曾争分夺秒地用警车开道，将一名中毒病人护送到医院，及时地挽救了一条年轻的生命；曾在暴风雪的深夜，从附近锅炉房拉来炉灰，一锹一锹地撒在冰雪坡路上，保证过往车辆平安通行；曾十年如一日地在小学放学时段，疏导校园周边交通，护送孩子们平安回家，并用爱心守护着乡村的困难家庭……无论寒冬酷暑，还是暴雨扬尘天气，他都坚守岗位，从未懈怠。他说："我是一名老党员，经历过枪林弹雨，亲眼看到很多战友离去，现在我不愿意看到任何人在路上出事，我得坚守好自己的岗位！"朴实简单的话语，却让我们看到了一名交通警察、一名共产党员的信念与忠诚。

这就是老刁的故事，他没有豪言壮语，没有惊天动地的成绩，但他深藏功名，只愿在平凡的岗位上，用实际行动诠释一位英雄的本色和责任担当！

（作者系铁岭市铁岭县政协党组副书记、副主席）

新金民歌传唱大连岁月变迁

张云丽

> 月儿明，风儿静，树叶儿遮窗棂
>
> 蛐蛐儿，叫铮铮，好比那琴弦声
>
> 琴声儿轻，调儿动听
>
> ……

这首家喻户晓的《摇篮曲》，很多人都会唱，但大多数人都不知道这是大连普兰店区的新金民歌。

新金民歌也称"辽南东北民歌"，受辽南影调戏的影响，既有曲折婉转的韵味，也有方言俚语的融会；既有东北民歌火爆、热烈、明快、高亢的特点，也有质朴、醇厚、诙谐、风趣的风格，具有很强的表现力和感染力，真实地表现了当地风俗。

新金民歌的第六代传承人马艳透露："新金民歌是一种原生态的歌曲艺术，与辽南民歌一脉相承，深受广大群众的喜爱。"辽南民歌渊深源长，在清顺治、康熙、雍正年间，辽南地区人口渐密，经济繁荣，城镇集市多，文化娱乐也随之兴起。在这样的历史条件下，民歌作为简单易学的民间艺术，应时兴旺起来，并逐渐产生了一些风格固定、传唱广泛的曲目，这便是大连新金民歌的雏形。小调大多流行于城镇、集镇中，产生于群众生活的休息、娱乐、集庆等场合。辽南地区的许多歌舞、曲艺、戏曲和民族娱乐，也是吸收了当地民歌的音乐素材而发展起来的；单鼓音乐、皮影音乐也为辽南民歌注入了活力。这些音乐慢慢传为歌谣、俚曲，成就了今天的新金民歌。一到节庆祝贺丰产和喜庆时，人们就争相放歌。

作为传承人，马艳在中央电视台《黄金100秒》节目、北京星光园、北京世博园等舞台多次演唱新金民歌，还将新金民歌唱出了国门。

经典民歌《摇篮曲》曾入选全国中师声乐教材、全国成人歌唱考级歌曲集、全国少儿歌唱考级作品集、中国音乐家协会社会音乐水平考级教材。1987年，联合国教科文组织专家会议将《摇篮曲》选入亚太地区歌曲集，定为亚太地区中小学音乐教材。

如今，经当地文艺工作者保留下来的传统曲目《梅花开得好》《摇篮曲》《江河水》《啰嗦五更》《猜花》《俺是公社的饲养员》在全国都有传唱。今天，新金民歌仍然是作曲家、歌唱家们汲取艺术营养的源泉。由刘欢和宋祖英两位歌唱家演唱的电视剧《闯关东》的片尾曲《摇篮曲》就是借鉴新金民歌改编而成的。

"新金民歌也在不断创新、发展，我们要创作出更多百姓喜闻乐见、耳熟能详，更加生动活泼的新金民歌曲目。"如今，马艳除了创作，还带着新金民歌走进学校，走进课堂，让孩子们知道什么是新金民歌，会唱家乡的民歌。新金民歌不仅焕发出新的生机，还有了更广阔的舞台！

（作者系大连市普兰店区政协委员，普兰店区海湾幼儿园党支部书记、园长）

西丰满族剪纸剪出铁岭之美

焦 凯

2009 年，西丰满族剪纸入选辽宁省第三批非物质文化遗产名录。一纸、一剪、一双巧手，轻盈翻转之间，栩栩如生、活灵活现的形象便呼之欲出，跃然纸上，仿佛于方寸之间容纳下世间万物。

数百年前，生活在白山黑水之间的建州女真人始终保持着近乎原始的渔猎生活。每当祭神或祭祖之时，他们往往会在动物毛皮或者树皮树片上雕刻出极具民族特色的纹饰。部落里的萨满法师则选择用昂贵的纸张剪出各种张牙舞爪、凶狠邪恶的形象，在祭祀典礼时投入火中燃烧，祈求神灵赐福护佑。

无论是雕刻过的动物毛皮、树皮树片，还是剪着凶邪形象的纸张，都属于早期的满族剪纸雏形，带着浓重而神秘的萨满宗教色彩。随着时间的推移，满族人民逐渐与中原人民交汇融合，文化和习俗更是互相影响。满族剪纸经过代代相传，形成了自己的独特面貌，具有质朴浓郁的民族风情和粗犷豪迈的形象特点。

西丰满族剪纸在传承的过程中，题材由宗教故事逐渐向民间习俗方向转变，更多地表达出对未来生活的美好祝福。

20 世纪 70 年代末，皮影老艺人杜蒙接触到了西丰满族剪纸并深深地爱上了这门艺术。他通过自己的努力，将中原皮影雕刻艺术与西丰满族剪纸文化深度融合，创作出一系列极具代表性的优秀作品，在多个国家级艺术类刊物发表，其创作的《戏剧人物》，还作为国礼被日本国家博物馆收藏。

80 年代初，时任西丰县文化馆馆长吴法春，作为剪纸爱好者及文化工作者，开始组织全县年轻人向杜蒙系统学习满族剪纸。当时还有另外一位比较有名气的剪纸艺人王淑华，她既有家学渊源，又担任乡文化站站长，具有便利的工作条件，也在积极带动身边的人学习剪纸。在杜蒙和王淑华的影响下，西丰当时能够独立从事剪纸创作的年轻人多达二百余人。

1989 年，第二届全国剪纸年会在西丰顺利召开。这届年会汇聚了多位当时全国首屈一指的剪纸专家及相关学者，举办了剪纸作品大赛，影响非常大。杜蒙的作品在这次大赛中获得特等奖，一时声名远扬，甚至蜚声海外，东欧一些国家还向他发来了讲学邀请。

20 世纪末，西丰满族剪纸艺术发展走向低谷。然而这群资深的民间剪纸艺人和开明的文化工作者却始终对西丰满族剪纸技艺不离不弃，孜孜以求，试图力挽剪纸艺术发展之颓势。在他们的不懈努力下，2009 年 4 月，西丰满族剪纸被确定为省级非物质文化遗产保护项目，这项古老的民间技艺再一次得到了重视、保护、开发、利用和传播，又重新焕发出时代青春。杜蒙的得意门生李忠杰等人，被确定为省级或市级"非遗"传承人。在西丰满族剪纸的继承和发展方面，已经形成五代传承脉系，创作队伍不断扩大。

李忠杰在坚持创作的基础上，与西丰县特殊教育学校联合，在学校内设立了剪纸教育基地，每天都会去学校开展义务教学。他一方面希望通过这种方式将剪纸技艺传授给他人，另一方面也希望这些残障孩子能够通过感受剪纸的魅力，丰富自己的生活，点亮自己的人生。

在李忠杰的带动和影响下，东方红小学和鸿志小学都在第二课堂设置了剪纸课程，并由市级"非遗"传承人进行教授和讲解。这不仅培养了孩子们的兴趣爱好，还帮助他们深入了解传统文化，更锤炼出他们爱祖国爱家乡的良好品格。

2017年，中央电视台《非遗中国行》栏目组开启了西丰满族民间剪纸的拍摄之旅，全方位、多角度地向全国人民呈现了西丰满族剪纸的发展历程、艺术成就和文化魅力，使西丰满族民间剪纸技艺声名鹊起，更为西丰满族剪纸民间艺人平添了一份文化自信，要变剪纸技艺为剪纸产业，助力实现乡村振兴的目标……

（作者系铁岭市西丰县政协党组副书记、副主席）

第一书记的三个 365 天

石云飞

凌晨 2 点，他出现在村口防疫检查点，和村干部一起研究如何提升协同作战能力，提升村民的自我防护意识；清晨 5 点，他已走在乡村小道上，与村民打招呼，呼吸泥土的芬芳；早上 8 点，党员们集聚在村部，等着他给大家讲党课；上午 10 点，他马不停蹄地跑到大棚里，帮助村民排忧解难；中午 12 点，他和村干部们共进午餐，聊聊近期工作进展；下午 2 点，他挨户走访困难户，了解群众需求，开展政策宣传；下午 4 点，他回到办公室，将群众关心的热点和难点问题详细记录在工作日志上……

这就是看似普通，却不普通的一天，一个"第一书记"扎根基层的一天。三个 365 天能给乡村带来什么？且看这位第一书记的三个 365 天。

2018 年 3 月，按照中共朝阳市委关于乡村振兴工作部署和朝阳市发改委党组工作安排，高红岩到北票市马友营蒙古族乡担任党委"第一副书记"，开展为期三年的驻乡工作。

马友营蒙古族乡位于北票市东部，面积为 213 平方公里，人口有 16900 余人，是少数民族乡。全乡所辖的 9 个自然村中，有 5 个市级贫困村（大勿兰村、小勿兰村、平房村、郎中营村、新邱村）

和 3 个省级贫困村（东台村、大庙村、巴斯营村），属于重度贫困乡。

初到马友营乡，在乡村干部的配合下，高红岩第一时间深入村组、田间地头、群众家中，与村民倾心交谈。他与乡村两级干部和普通群众同吃、同住、同劳动，认真细致地开展调查研究，走遍全乡 9 个行政村，全面了解实际情况，把群众的疾苦、百姓的需求一一记在心里，分析群众致贫、致困和制约乡村经济发展的因素，边调查研究，边思考帮扶方案，边落实帮扶举措。

改变从基础设施建设开始。高红岩积极争取资金，累计争取到以工代赈项目资金 388 万元，改扩建 8.2 公里乡村道路，新建混凝土路面 7.9 公里、过水路面 0.27 公里，新修挡水墙 3532 立方米，惠及郎中营、大庙、大勿兰 3 个村、34 个村民组，解决了 1858 户、5724 人的出行难问题，方便了农产品的运输。在朝阳市发改委、北票市委、马友营乡党委的支持下，他向上争取项目资金 800 余万元，协调各类资金 740 余万元，共计 1500 余万元，用于乡、村两级基础设施建设，帮扶产业发展和农业设施建设。

为村民寻找脱贫致富门路。为激发脱贫的内生动力，熟悉乡情、村情后，高红岩与马友营乡党政班子成员积极协调各方资金，于2019年主导建成了9个扶贫产业项目。其中扶贫果园4处，总面积800余亩，总投资350余万元，带动建档立卡户217户，每户年均分红500元；扶贫微农场及资产收益型项目4处，总面积71亩，总投资20万元，主要种植辣椒、地瓜和各类蔬菜、瓜果等，带动建档立卡户200户，户均分红1000元，并实现集体经济增收10余万元。此外，还把扶贫专项资金50万元量化为村集体股份，并整合各项资金103万元，在北平房村建设了标准化蔬菜大棚6栋，壮大了村级集体经济，同时利用租赁承包费用带动50户建档立卡户脱贫。

培育经济发展增长极。马友营乡有着多年的辣椒栽植历史，是北票市辣椒栽植基地乡，由于缺乏技术和新品种引进，辣椒栽植面积很难增加，椒农缺乏先进栽植技术，辣椒质量和产量都不理想，农民收入再增加成为摆在工作政府面前的新课题。为了使辣椒产业实现提质扩面，增加群众收入，经过深入调查研究，在高红岩的带动和主导下，当地突出辣椒产业抓发展，采取"走出去、请进来"的方法，引进鲜椒栽植、微量元素施肥、膜下滴管等技术措施，实现辣椒产业发展新突破——从2018年的全乡栽植辣椒3万亩到2020年的近5万亩，亩产鲜椒5000斤以上，干椒500斤以上，椒农亩收入增加2000元。

为乡村振兴培养骨干力量。为推动乡村振兴发展，他注重选优配强"能人型"村书记、企业家村书记，在全乡9名村书记都达到"能人型"标准的基础上，又发展3名企业家村书记。按照省市县相关工作部署，带领组织部门逐村做思想工作。目前，全乡各村全部实现村书记、村主任一肩挑，马友营乡党组织各项工作实现制度化、规范化。

如今的高红岩虽然已经回到原先的工作岗位上，但他的脚步没有停歇，仍在用每一个 365 天，为乡村振兴发展贡献着自己的力量，走出坚实的步伐。

（作者系朝阳市政协委员，农工党朝阳市双塔区支部副主委）

吹响冲锋号　敌人望风逃

慕贤忠

战争年代，他为党为国出生入死，奋勇杀敌，先后参加辽沈战役，南下湖南、广西作战，在抗美援朝战场上，凭着"一把军号慑敌胆退敌兵"，英雄壮举更是扬国威壮军威，他当年立下战功的军号现陈列在中国人民革命军事博物馆，其光辉事迹在纪念中国人民志愿军抗美援朝出国作战 70 周年活动中被中央广播电视总台、新华社等多家新闻媒体宣传报道。他就是全国二级战斗英雄，朝鲜民主共和国一级战士荣誉勋章、解放奖章、胜利功勋荣誉章获得者，辽宁省军区鞍山第二离职干部休养所离休干部郑起。

郑起 1932 年出生在黑龙江省海伦县，自小与爷爷相依为命，艰难度日。14 岁那年，他被东北民主联军这支队伍深深地打动，加入这支队伍成了他当时所能想到的"最高人生追求"。但由于年龄小、个子矮，接兵干部

1962 年，郑起在部队以巡讲方式进行小号手培训

166

让这个孩子"再好好长长"。经过软磨硬泡和全村老乡说情，14 岁的郑起终于走向了一条光明之路！

1950 年深秋，郑起光荣加入了中国共产党，也是在这个深秋的一个夜晚，他随着大部队，带着心爱的"老战友"——跟随他出生入死的军号，跨过了鸭绿江，向"联合国军"毅然地宣战了！

12 月最后一天，突破临津江，隐蔽接近前沿阵地，7500 余人在 3.5 平方公里地域内不露一人一物，发起总攻后，郑起跟随 7 连的战友们在冰河中奋勇进攻，用血肉之躯撕开了敌人的坚固防线。郑起用冻僵的嘴唇吹响了军号，向大部队传递了突破成功的消息。穷寇当乘胜追击，突击部队继续向汉城方向前进。到达釜谷里，部队遭遇了英军王牌部队——皇家来复枪团。关键时刻，光荣的红军连队——钢铁 7 连受领了最艰巨的任务，占领高地，阻断敌人机械化部队通过的公路口。

在敌人猛烈炮火的连续攻击下，7 连的伤亡越来越重：指导员牺牲了，副连长牺牲了，连长牺牲了，几十人的连队只剩下 19 人。年仅 19 岁的郑起担负起了作战指挥任务。他顶着枪林弹雨，冲到阵地前沿，从敌人的尸体上取弹药……这群年轻人一直坚守阵地，最后只剩下 7 人。

战友将最后 2 支爆破筒掷入敌阵，郑起用尽力气吹响了冲锋号，敌人胆战心惊，望风而逃。钢铁 7 连为大部队的反击争取了时间，援军以泰山压顶之势将英军皇家来复枪团和皇家坦克营消灭在了公路上，第二天就解放了汉城。他也因此荣立特等功一次，被评为"二级战斗英雄"，受到了毛主席等党和国家领导人的亲切接见。

离休后，郑起信念如磐，甘于奉献，始终把对党的无限忠诚化为余热，传承红色基因。年事已高的他，至今仍留有作战创伤后遗症。但他仍坚持在党政机关、部队和院校、工厂、社会作报告——

对于一个年届九旬的老人来说，每一场报告、宣讲不亚于一场战斗，困难程度可想而知。

但他常说，没有共产党和人民军队，就不会有他的今天，他要把自己全部的热量都释放到宣传革命传统和关心教育下一代的事业当中，让华夏子孙永远铭记，有一群"最可爱的人"永远守护着人民安居乐业，守护着子孙幸福成长，守护着中华民族伟大复兴！

（作者系鞍山市政协委员，鞍山军分区大校副司令员）

本溪有一处冰瀑奇观，您见过吗？

纪延妍

　　大冰沟之所以奇妙，是因其温带低海拔罕见的夏季冰瀑奇观，这里地处长白山余脉，位于本溪市南芬区思山岭办事处境内，属于国家森林公园、国家地质公园和 4A 级旅游景区。公园景区总面积 85 平方公里，有千米高峰 15 座，森林覆盖率 97.8%，拥有柞树、紫椴、黄菠萝和天女木兰等植物 500 余种，还有棕熊、野猪、黄羊等野生动物 50 多种，是名副其实的"森林氧吧""燕东瑰宝"。大冰沟"一溪九湖十八弯"，地下水常年保持 4℃，夏季平均气温 22℃。木兰冰谷瀑布群每年十月末结冰，来年七月末才完全融化，就是这样一处冬夏并存、盛夏藏冰的奇妙景观，每年都吸引着数不清的游客来一睹为快。

　　相对于大冰沟神奇的景观，大冰沟的过往更加不凡，因为这里的一山一水、一草一木都见证了燕东儿女英勇顽强、可歌可泣的抗战历史。溯溪而上，你会找到在大冰沟深处的东北抗日联军第一军第一师独立营的密营遗址，大名鼎鼎的抗日"南侠"王殿甲曾在这里战斗。

　　《中国共产党本溪史》等资料记载：1935 年 6 月 4 日夜晚，王殿甲率领仅有 12 人的队伍，从大冰沟出发，经黄柏峪到南坟，袭击了被日寇侵占的南坟火车站，击毙多名日寇，缴获大量枪支弹药，切断了火车站与外界的通讯联系，中断了铁路运输。随后，王殿甲率部击溃本溪县连山关万两河一带的一股土匪，火攻日本"讨伐队"，惩治为日伪军通风报信和欺压民众的汉奸、特务，部队越战越勇，人数不断增加，至1935年秋，已发展至70多人，成为本溪抗日义勇军中的一支劲旅，"南侠"部队也被改编为东北人民革命军第一师独立营。1936年4月被收编为东北抗日联军第一军第一师独立营，王殿甲任营长，后被提拔为第三团副团长。如今这处营地已成为省国防教育基地、省首个民建爱国主义教育基地、市爱国主义教育示范基地，不断传承着红色基因、红色血脉、红色精神。

大冰沟的瑰丽风景美不胜收，大冰沟的抗战故事激荡心间。《东方时空》《朝闻天下》等栏目都对大冰沟进行过专题报道。央视《新闻直播间·美丽中国新画卷》《云游中国》等栏目纷纷前来直播。中央电视台新闻联播和《人民日报》官方微博也展示了大冰沟的锦绣容颜。身为国有林场的大冰沟在改制后按照市委、市政府确立的生态立市发展战略，积极寻求新的发展道路。如今的大冰沟，一年四季风光旖旎。春看花，漫山缤纷，新绿滴翠；夏观冰，冰清玉洁，飞瀑流韵；秋赏山，层林尽染，枫叶流丹；冬赞雪，玉树琼枝，如梦似幻。景区内，游步道、野餐区、接待中心等配套设施齐备，抖抖牧场、丛林穿越、空中漂流等娱乐项目备受游人喜爱。玩一天不过瘾？住进青龙阁民宿，您就拥有了一个10平方公里的大花园！大冰沟堪称您生态观光、休闲度假、研学旅游的首选之地。8月是大冰沟景区的最佳观赏期，雨中的大冰沟云雾缭绕、仙姿妖娆，天女木兰花清新脱俗、亭亭玉立，与冰瀑交相辉映，宛若仙境一般。徜徉大冰沟，遇见童话里的冰雪奇缘！

（作者系本溪市政协委员，本溪市统计局副局长，民建本溪市委副主委）

小县城的"大远见"

王丽丹

在辽宁本溪，有一个美丽而神奇的边陲小城，她不仅是"中国唯一的八卦古城"，素有"高句丽发祥圣地、清王朝肇兴之地、中国易学标本地、国歌原创素材地"之称，而且是世界公认的冰酒生产绝佳地带，冰葡萄酒产量居世界首位，我国第一个，也是目前唯一

一个冰葡萄酒国家标准，就是由这座小城主导制定的，这座山清水秀、地杰人灵的小城就是桓仁满族自治县。

说起桓仁冰酒，我与她还有过一段难忘的特殊"缘分"。2010年，我在本溪市政府办工作，偶然得知桓仁满族自治县经过多年努力，完成了冰酒产业标准起草和申请国家冰酒强制标准的前期工作，正在加紧向前推进。当时我心里有点儿惊讶：一个小小的县城居然如此"胸怀大志"，要制定国家标准？

但当我向桓仁满族自治县政府的同志进一步了解相关情况后，心里则充满了钦佩和敬意，暗下决心，一定要通过参政议政渠道帮助促成此事，这对我国冰酒产业健康发展以及在国际市场占据一席之地至关重要！

"黄金冰谷"造出"上帝的眼泪"

桓仁地处北纬 40°54′~41°32′，与世界冰酒之国加拿大纬度相同，有"东方安大略"之称。桓仁桓龙湖周边地区因具备冰葡萄生长所需的"冰雪、湖泊、阳光"三大理想要素，被国内外专家誉为"黄金冰谷"。

2001 年，桓仁满族自治县县委、县政府从加拿大引进了威代尔冰葡萄种苗 5000 株，在北甸子乡长春沟试栽成功，并进行了大面积推广。桓仁冰葡萄产业从开始就坚持全程标准化管理，自 2001 年起，先后编制了《冰葡萄生态种植标准》《酿酒葡萄栽培管理作业历》等 10 余本标准化种植指导手册，将标准细化到生产的每个环节。2003 年，桓仁顺利通过国家验收，成为全国唯一的冰葡萄生态种植标准化示范区。2011 年，桓仁冰葡萄产业发展规模达到全国领先水平，被辽宁省人民政府确定为"一县一业"示范县。2021 年 3

月，桓仁冰酒成为中欧地理标志互相认证保护产品。

经过 20 余年的发展，如今"桓仁冰酒"已享誉世界，桓仁正举全县之力向打造"世界冰酒之都"的目标迈进。桓仁冰葡萄种植基地面积约为 1 万亩，年产冰酒约 1500 吨，占世界总产量的一半以上，产业总产值约 5 亿元，成为继德国、加拿大、奥地利之后的世界第四大冰葡萄主产区，先后引进了张裕、王朝、澳大利亚维格那、加拿大米兰等 10 多个国内外知名品牌，打造了五女山、三合、思帕蒂娜、桓龙湖等 20 多个本土品牌。

小县城的"大远见"造就国家标准

2000 年以前，冰酒作为一项新兴产业，由于缺少相关的行业标准，种植及生产均处于混乱状态，市场上冰酒种类繁杂，质量参差不齐，对我国冰酒产业发展极为不利。

为此，桓仁满族自治县一直在积极推动冰酒国家标准制定工作。2006 年，国家标准委正式批准制订冰酒国家标准计划。之后，由辽宁张裕冰酒酒庄有限公司发起，中国食品工业发酵研究院牵头，中国农业大学和国内知名葡萄酒企业张裕、长城、王朝等企业参与，于 2008 年 11 月完成起草工作，并通过国家评审委员会专家评审，完成了申请国家冰酒强制标准的前期工作。但就在"大功告成"之际，2009 年 6 月 30 日，国家实施了《食品安全法》，规定"除食品安全外，不得制定其他的食品强制性标准"，致使该项工作被迫停滞。

当我得知这一情况并经与桓仁满族自治县政府充分沟通和调研国内冰葡萄酒市场相关情况后，撰写了《桓仁冰酒难与世界接轨建议省政府积极沟通 尽快出台国家强制标准》的文章，报送省委、省政府，阐述因我国冰葡萄酒生产标准缺失，不仅造成了国内冰酒市场的混乱局面，也导致我国冰酒产业难与世界接轨，限制了冰酒产业的发展，制定并出台国家强制标准已成为当务之急。相关省领导对这篇信息高度重视，先后作出批示，省政府相关部门在桓仁召开现场会，积极帮助向上沟通协调，最终由桓仁满族自治县主导制定了第一部冰酒国家标准——《冰葡萄酒国家标准（GB/T 25504-2010）》，于2011年1月10日，由国家质检总局和国家标准化管理委员会正式发布，2011年9月1日正式实施。

冰葡萄酒国家标准的制定与实施，树立了中国冰酒发展的新的里程碑，对我国冰酒产业的健康快速发展和争夺国际市场份额发挥了重要作用。

最后，引用冰葡萄酒国家标准起草人之一、桓仁满族自治县重点产业发展服务中心主任郑继成的一句话结束这篇故事："桓仁冰酒产区有中国葡萄酒的诗和远方，欢迎您来桓仁！"

（作者系本溪市平山区政协副主席）

抚顺月牙岛温柔了岁月，惊艳了时光

张秀莺

一衣带水看抚顺，一条豪迈的浑河，像明亮的眼睛镶嵌在城市的中央，不仅养育了这个城市的生命，更滋润了这片土地的神韵。

上善若水，水聚财又聚人，若说在抚，得"和"与"众"文化之滋养，集民生所乐、心灵所依之不二佳处，定是那依傍生命河而建的月牙岛生态公园。

溯源十一年前乃至更久，位于抚顺市望花区东北界、浑河南岸边的那片狭长湿地，即古城子河与浑河交汇处，是芦苇荡和野草肆意生长的乐园。偶有春夏发水后穿梭其中的小木船、小皮筏，那是以河为生的捞鱼人的梦；间有市民站在岸边望河兴叹，下不去脚，迈不出腿，那目之所及的清晰彼岸是如此遥远。无论对于周边的望花区、新抚区抑或整个抚顺，这里都曾是野蛮而无用的代名词，何曾引起市民心中半分悸动和留恋？这块土地的使命是肆意独乐还是与民同乐？它的归途在哪儿？

2011年10月，曾经依水而生的抚顺人，一夜之间惊喜地口耳相传：月牙岛公园拔地而生。古老而美丽的名字，仿佛一双笑眼，融通了整个城市的血脉。抚顺市政府从2011年2月开始倾力打造，历时8个月竣工。这里是国家3A级风景区，景点属开放式生态型滨水

公园，其东西最长处为 3.4 千米，南北最宽处为 0.54 千米，因呈狭长的月牙形而名。岛内面积 136 万平方米，滩地面积 53 万平方米，岛内面积中绿化面积 97.4 万平方米，水面面积 22 万平方米，道路、桥梁、广场、建筑、码头、木栈道等 16.6 万平方米，融自然景观与人文景观于一体。

2011 年 11 月，市政府陆续投入 5000 多万元，次年 7 月，月牙岛又实现了浑河北岸连通公园两座飞跨南北河桥的竣工通行。从此，月牙岛生态公园的局域管理范围为东至葛布橡胶坝，西至和平桥，南至沿滨路，北至望月路，总管理面积为 487.8 万平方米。完美的月牙岛从此告别荒滩与野蛮，持续书写了在这片城市里为市民增添笑颜的辉煌历程。

月牙岛是承载抚顺人民欢笑声、歌唱声、幸福声最多的地方。迂回曲折四盘路，每天健步走的人群络绎不绝，从黎明到黄昏；孩童在广场上奔跑、撒欢，洒下银铃般的治愈童声；老人们结伴拍照、做运动，不同时节的野餐、宿营，畅谈城市变迁，感受今日的幸福抚顺；垂钓人悠闲放着钓竿，三三两两在等待中沉淀生命，放生小鱼，谈笑间大鱼上钩，感慨着水质改良后鱼类的兴旺；水鸟成群居住在水中央，有国家特产稀有鸟类秋沙鸭，还有绿头鸭、赤麻鸭、斑嘴鸭、白尾海雕、戴胜、啄木鸟、翠鸟、苍鹭、白鹭等十多种禽鸟，它们引颈唱和，低头啄食河中丰富的鱼藻类，风起云涌的间隙，在水云间追逐翱翔，一年四季成为月牙岛畔摄影人追逐的精灵；点点白沙湾，是那赤足的情侣弹奏爱情乐章的最佳地，人造河在内部环绕，浑河在外围雄踞，帆影、画舫游船、皮划艇竞相上演不同的城市节奏。

走在月牙岛，随处可收获脸上笑意无限、眉眼弯弯的人们！收获，就是价值的认同！也只有爱和认同，才有幸福！和谐共生，与民同乐！月牙弯弯似眉眼，抚顺因你靓丽的风姿而明媚福聚！

（作者系抚顺市政协委员，抚顺市教师进修学院高中部副主任）

退伍不褪色　老兵精神别样红

李晓秋

　　在盘锦，有一位颇有声望的老人，他于 1942 年 4 月出生，1962 年 3 月入党，1997 年从盘锦军分区政治部主任岗位退休后，成立盘锦市新世纪交通救援施救有限公司。虽离开军营，他却始终保持着军人品格，弘扬"退伍不褪色"的老兵精神，他就是徐恩惠。

铸魂：学理论，退休永不变质

虽年事已高，徐恩惠却是个"学习达人"，每天读书看报，因为理论知识扎实过硬，多家单位和部门邀请徐恩惠去讲党课，他都欣然前往，义务授课多达数百场。

徐恩惠在自己的企业里建立了党组织，将党的理论成果归纳总结印制成47类、4万余份"口袋书"，发给自己的员工学习，还赠送给盘锦军分区和市、县（区）相关单位，为提升学习时效，他还为每名党员配发装有学习材料和"党员旗帜记录本"的"党员学习包"，方便大家撰写读书笔记。

他投资350多万元创建党建汇展室，在中国共产党建党百年之际，他又投资20多万元，创建了中国百姓不忘"百例"庆祝建党百年展馆，共接待省内外近千家单位参观学习。

徐恩惠的匠心在于他把代表每一种精神的实物都融入展馆中，曾有多名商人要与徐恩惠合伙经营，想把这些东西对外售卖，徐恩惠却摇头说："我做的是公益事业，这个展馆为的是让大家能够铭记历史，珍惜当下。"

聚力：助军队，退伍永不变色

1960年8月，18岁的徐恩惠光荣地成为一名解放军战士，他曾经战斗在血与火的战场，也曾为盘锦垦区军分区的建立开疆拓土。尽管已退休，但他始终坚持用实际行动关心党的事业，时刻为社会和人民奉献着自己的力量。他深爱国防事业，投资7万多元建立装备库，开展义务国防教育实践活动，组织民兵演练、军训。

有人曾送来两幅20多米长的条幅和一面印有"仗义出援手、赤胆铸军魂"的锦旗，并且感动地说："真没想到，一个民营企业党支部做得这么好，民兵组织这么有用，老干部思想境界这么高！"

实干：爱人民，服务永不变样

平日里，他很节俭，每顿只吃10元的工作餐，但为群众排忧解难，他却从不计得失。公司附近一家饭店不慎失火，他及时带领党员职工将大火扑灭，避免了附近十余家商户、百余户居民的经济损失，并谢绝了饭店老板的现金酬谢。

他在企业开展"党员号"车、"党员岗"活动，设立学雷锋三件宝，即"雷锋存折"、义务理发工具、"雷锋工具箱"。教育引导党员在抓好企业生产中干在第一位，在完成险重任务时冲在第一线，在执行义务劳动时勇挑第一担。

据不完全统计，他带领团队完成急难险重任务50多次，义务出车400多台次，义务出工500多人次，连续多年慰问市光荣院和福利院……

退伍不褪色，老兵精神别样红。徐恩惠将忠诚和信仰融入血液，真实地展现了一位老兵信念坚定、对党忠诚、勇挑"双拥"重任的崇高精神和品格，用实际行动诠释了共产党人的初心和使命！

（作者系盘锦市双台子区政协党组书记、主席）

心系三农　造福辽宁

修俊杰

让每一粒种子产出更多的粮食，让每一寸土地长出更优的作物，让更多农民学到新技术——这是农业科研人员终生奋斗的目标，更是铁岭市农科院的重大使命。

铁岭市农科院始建于 1958 年，60 多年风雨兼程，一大批农业专家在这里奋斗成长，源源不断地将农业科技成果从这里输送到全省乃至全国，为农业现代化发展作出了应有的贡献。

铁岭，地处黄金玉米带、黄金水稻带上，耕地面积 1000 万亩左右，其中 80% 选用的是铁岭农科院育成品种，建院以来，共取得科研成果 477 项，获奖成果 219 项。铁豆系列大豆品种在辽宁乃至全国一直占主导地位，其中，铁丰 18 号获国家发明一等奖，全国范围内曾跨越 11 个纬度种植，累计推广 6000 余万亩，创社会经济效益 6 亿多元，是我国适应性最广、种植面积最大的唯一春播大豆品种。

国无农不稳，农以种为先，铁岭农科院玉米所以农业增产增收和绿色发展为目标，将传统育种技术和以单倍体为代表的现代高效育种新技术相结合，培育出高产稳产、多抗广适、适宜机械化的新品种 80 余个，覆盖东北、华北玉米区及黄淮、西南等玉米区，销售到全国 18 个省市。

开原市庆云镇种植的1万亩高食味水稻新品种"铁粳11"就是由铁岭农科院水稻所选育，亩产突破750公斤，还打破产量高、口感差的瓶颈，被企业和农户竞相追捧。目前，铁粳系列的水稻品种在辽北水稻种植区占20%，推动辽宁粮食品种从单纯高产性向专用性及多样性发展。

铁岭农科院杂粮所经过多年的奋斗，选育出高粱TL169系列雄性不育系，作为新的种子资源，在高粱育种上得到有效的利用，目前已选育出杂交种20个，累计推广面积767.9万亩，创造经济效益3.9亿元。

进入新时期，面对高质量发展要求，铁岭农科院成立了土壤研究所，聚焦推进黑土地保护利用、高标准农田建设，探索秸秆覆盖还田技术，大力推广"梨树模式"，促进土壤改良培肥、化肥减量增效、提升土壤有机质等技术研发与示范工作，为铁岭地区农作物高产稳产、服务三农提供技术支撑。

农科人深信，只有扎根在基层，才能了解基层、服务基层。铁岭市农业科学院"点穴式"帮扶昌图县、开原市农业发展，对接地方技术需求，集成专家、项目、成果，高质量助推地方农业产业转型升级。实行一对一的帮扶模式，通过现场指导、平台学习帮助培养本土专家，打通了农业增收"堵点"，尤其是农业专家送去的秸秆覆盖免耕种植技术，有效地遏制了秸秆焚烧蔓延。

心之所向，大地即舞台。铁岭农科院一代代农业专家接续传承，攻坚克难，始终心系三农，在厚植传统优势学科的同时，大力培育

"小而特"学科，为农业发展从"产量稳"向"质量优"转变贡献力量！

（作者系铁岭市政协委员，铁岭市农业科学院花生所执行人）

教育沃土浇灌者——魏书生

吴潇丽

魏书生，中国教育界的传奇人物，当代中国最著名的教育改革家之一。他是教师的楷模和榜样，是学生眼中的良师益友，数以百万计的人对他高山仰止、景行行止。

1983 年初冬，魏书生去北京参加会议，与会者中，有叶圣陶、吕叔湘等声名显赫的教育大家，也有全国各地的教育专家，还有香港地区的特邀代表。魏书生只是一名普普通通的基层教师，可他的发言内容却引起轰动，被行家们称为"爆炸性的经验介绍"。

会后，北京市有 1000 多名教师不惜占用上课时间，握着印有"辽宁省盘山县第三中学魏书生同志报告会"的入场券，兴致勃勃地走进大礼堂。尽管他已经买好了当晚离京的火车票，可还是被请到了北京师范学院大阶梯教室，一直讲到夜幕降临……

锐意革新的班主任

1989 年，我就读于盘锦市实验中学时，魏书生已经是辽宁省最年轻的特级教师、全国劳动模范，他既是校长，又兼任班主任。家长们都说魏书生有魔法，无论成绩多差、多淘气的学生，到了他的班里都会脱胎换骨。曾有一名异常顽劣的学生痛哭流涕地走出魏书生的办公室，大家都以为是魏老师批评了他，结果他说："魏老师找到了我身上的十条优点，从来都没有人表扬过我，我再不好好学习，真对不起魏老师！"

教师生涯的引路人

1996 年，我以一名师范毕业生的身份踏入了实验中学，作为教育局局长兼校长的魏书生，给新入职教师上了第一堂课。他教导我们说："学习、工作、尽责、助人是享受，想成为一名优秀的教育工作者，让孩子们喜爱、家长们认可，一靠民主，二靠科学。"他十分重视教师队伍建设，向我们传授经验："行为养成习惯，习惯形成品质，品质决定命运。"

从 1997 年开始，盘锦市教育局每年召开一次培养良好习惯现场会，作为展示和推动培养良好习惯的平台，引领各个学校坚持做好七个一分钟，落实八个良好学习习惯。

26 年来，盘锦市各个院校把良好习惯培养融入教书育人的每个环节，有效促进了广大学生的全面发展和健康成长。多年来，一批批教师运用魏书生的"六步教学法"培养了学生的自学能力，一届届班主任读着魏书生的《班主任工作漫谈》，与孩子们建立了亲密的师生关系，他是成百上千个教师的引路人！

教育沃土的浇灌者

工作岗位上的魏书生，一直怀抱着对教育事业的热爱与执着，传道、授业、解惑。退休之后的魏书生也没有赋闲在家，依旧往来

奔波于全国各地，广泛地传播"民主科学"的教育思想。

据不完全统计，从 1983 年至今，魏书生的足迹遍布全国 31 个省（市、自治区）、港澳台地区及东南亚部分汉语较为流行的国家和地区，为各界人士作报告 2000 多场次，上语文教学示范课 1000 多次。魏书生以教育家的巨大魅力，征服了众多学生和老师，也征服了数以百万计的听众和读者。

盘锦是魏书生教育思想的发源地，他的教育思想在这里形成、丰厚、提升。曾经，魏书生的教育理念如清泉、似甘露一般滋养着教育领域这片沃土，让千千万万的学子养成了良好学习习惯，成就了圆满幸福人生。

如今，我在教育岗位上已经工作了 28 年，一直遵循、践行着魏书生的教育理念：在平平凡凡的岗位上享受学习、工作、尽责、助人带来的快乐，把平平凡凡的日子过得如诗如画、如舞如歌！

（作者系盘锦市政协委员，盘锦市实验幼儿园副园长）

186

"红军票"的故事

袁　超

解放战争时期，东北地区发行的"苏联红军司令部"纸币被称为"红军票"，发行过程之曲折、国际影响之广泛、政治意义之巨大、印制流通之短暂，在整个货币史上都极为罕见。

大连作为中国共产党领导金融改革实践的先行之地，有着丰富的红色金融文化禀赋与历史研究价值。中国工商银行大连中山广场支行是旧时朝鲜银行大连支店旧址，这座洋楼是由著名建筑大师中村与资平设计，上了年纪的大连人把这里称作"关东银行"。

1913 年 6 月，朝鲜银行在大连设立支店，这一建筑最美之处便是那六根高大的廊柱。据记载，修建这座建筑所用的钢筋是从美国购买的，1920 年 12 月，这座洋楼竣工，从此成为大连的金融中心。

1945 年 8 月 22 日苏联红军空降大连，接受日本投降，12 月 8 日大连市政府接管朝鲜银行大连支店，改名为大连中国工业银行总行。

作为当时东北最大的进出口贸易港口，旅大地区肩负起搜集物资、支援前线的重任，而当时多国货币混乱的金融市场导致当地生产全线停滞，统一货币、稳定金融市场、恢复经济生产成为当务之急。

12 月 28 日，大连市政府组建了中国工业、中国农业、中国商业

187

第一次货币改革苏联红军"加贴票"

三家大连地方性银行。1946 年 7 月 1 日，这三家银行正式合并，成立大连银行，后更名为关东银行，规定苏联军用票、伪满洲币、朝鲜币三种货币等值同价，准予在市场上流通使用，有效遏制了金融黑市的活动。

　　1947 年，国民党"视察团"携带了大量的苏军货币，打算在大连抢购物资，扰乱金融市场。对此，中国共产党领导下的大连特殊

188

解放区进行了第一次货币改革，在全区的苏联红军票、伪满洲币上加贴印花，当时规定只有贴上印花的钱才能使用，所有货币登记和加贴印花必须在规定期限内完成，逾期一律作废。五天内快速完成的货币改革，成功地阻止了国民党统治区苏军票和伪满币的流入。当时的大连也成为国民党政府在东北地区唯一未建立政权的大城市。

据统计，"货币加贴票"总兑换人数 890631 人，占总人口的 95.7%。经关东银行收回的无印币有 30 亿元左右，市面流通的货币缩减了近三分之一，大连经济也得到了恢复和发展。经过加贴印花，第一次货币改革虽然有效恢复了经济生产，但对中国共产党来说，货币问题并没有完全解决。只有从苏军手中接过货币发行权，发行属于自己的货币，才能加强对市场与金融的控制。

经过这次货币改革，中国银行历史上的钱币加贴现象从此诞生，它开创了流通币转化为地方币的先例。

1948 年 11 月 14 日，大连市进行了第二次货币改革，由关东银行发行了 37 亿元"关东币"，收回红军票 54 亿元，减少了市场流通 17 亿元。二次币改对实现旅大地区货币的统一和金融的稳定起到了很好的作用，达到了预期效果。

通过发行"关东币"，大连地区的物价下降了 20% 到 25%，从此形成了以"关东币"为流通货币的格局。

1950 年 5 月，关东银行由东北银行接管，此建筑改为东北银行旅大分行。大连解放初期，由关东银行主导的两次货币改革，不但稳定了货币市场，促进了经济社会发展，还对金融有效管理和运行的经验进行了积极探索，为之后解放区的建设与发展提供了借鉴。

（作者系大连市中山区政协委员，大连票证文化陈列馆副馆长）

建新公司的红色历史

邹　巍

　　大连曾经有一段鲜为人知的红色军工史，在这座曾经被定义为"特殊解放区"的城市，有一个历尽艰险却始终砥砺前行的军工厂，有一群坚韧拼搏、乐观奋斗的军工们，以一种默然的姿态，为解放战争的胜利注入了隐秘而又坚实的力量。

　　1946年9月，时任东北民主联军副司令员的萧劲光来大连筹划后勤工作，经过考察，他认为大连有比其他解放区更为优越的军工生产条件，即向中央建议在大连进行军工生产。中央即向各解放区发出通知，要求派出得力干部到大连组织军工生产。遵照中央指示，胶东、华东、华北解放区迅速派来400多名干部到大连组织军工生产。1947年7月1日，我党第一个大型军工企业——建新公司在大连成立。

　　大连为何会被赋予这样的重要使命？一是独特的地理位置。根据《中苏友好同盟条约》规定，苏联红军进驻大连并实行军事管制，拒绝国民党染指大连。大连由此作为稳定的大后方，有利于军工生产。二是独特的政治环境。1945年8月以后，在苏方的支持下，我党在大连迅速建立地区党组织和人民政权，军工生产有了党的直接领导以及人民的广泛支持。三是独特的生产条件。大连得天独厚的

工业基础、技术人才和工人队伍，以及便利的海上运输等条件，为军工生产提供了重要保障。

1947年，建新公司在大连正式成立，所属工厂包括炮弹厂（对外称裕华铁工厂）、引信厂（对外称宏昌铁工厂）、钢铁厂（大连钢厂前身）、化学厂（大连化学工业公司前身）、机械厂（大连重型机器厂前身）、制罐厂（大连橡胶塑料机械厂前身）等10余家大中型企业。

1950年5月，建新公司停止军工产品生产。朝鲜战争爆发后，建新公司将裕华铁工厂、宏昌铁工厂合并为八一工厂，开始筹备恢复生产。12月，根据中共中央东北局决定，撤销建新公司行政组织，所属各厂分别划归东北人民政府工业部化工局、机械局、军工局。1951年5月，中共旅大市委根据东北局指示，撤销建新公司党组织，建新公司所属各厂党的组织直接归属旅大市委领导。至此，建新公司光荣地完成了历史使命。

据统计，1947 年至 1950 年，建新公司共生产各种炮弹 54 万余发、火药筒 26 万余个、自配引信 9.5 万个，改产掷弹引信 55.6 万个，修理旧引信 16.2 万个，生产美式、日式底火 60.9 万个，雷管 24 万只，六〇迫击炮 1430 门，生产苏式冲锋枪 1563 支，生产弹体钢 3000 多吨、各种型号无烟药 450 吨，有力地支援了解放战争。

在短短的四年时间里，建新公司从物质到精神层面都为解放战争作出了不可磨灭的历史性贡献。除为辽沈战役提供上百吨炸药外，其余武器均运往华东、华北战场，发挥了巨大的威力。山东沂蒙大战，解放军共发射建新公司生产的炮弹 10 万余发；淮海战役中，解放军发射的 20 万发炮弹，大部分是建新公司制造的，没有一发出现事故。

粟裕将军曾说："华东地区的解放，特别是淮海战役的胜利，离不开山东人民的小推车和大连制造的大炮弹。" 1948 年 12 月，陈毅和粟裕联名写信给旅大地委，对旅大党组织和工人阶级给予华东战场积极而有效的支援表示感谢。大连建新公司为此多次荣获中央军委和华东前线司令部的通令嘉奖。此外，作为党直接领导的大型联合企业，建新公司为新中国建设积累了宝贵的军工生产经验、企业管理经验、专业技术人才队伍建设经验以及产业工人政治领导、组织动员的经验。建新公司不仅为东北工业布局奠定了重要基石，也为东北工业初期建设输送了一批专家型紧缺干部人才，并培育了一支政治过硬、技艺精湛的产业工人队伍。其孕育的"高度严密、艰苦奋斗、敢打硬仗、团结协作"的"老军工精神"，成为推动东北工业发展的重要精神力量。

在夜以继日的试验生产中，建新公司涌现出一大批艰苦奋斗、忘我革命的模范人物，如：亲自试验、引爆身殉的裕华铁工厂厂长吴屏周；三负重伤仍忘我工作的宏昌铁工厂厂长、中国"保尔"吴运铎；因仓库爆炸当场牺牲的经理部九烈士；因抢险致残的化学配置室工人、"护厂英雄"、"党的好儿女"赵桂兰；带领一线工人潜心钻研，攻克一系列技术难题的车间主任刘仁刚。1948—1949 年，建新公司在试制、运输枪炮过程中，有 17 人献出了宝贵的生命。

建新公司在党的军工生产领域的特殊贡献，为溯源大连城市精神密码提供了必要的路径依归，立足特殊解放区历史实践，挖掘建新公司红色历史资源，传承红色基因，赓续红色血脉，是一次党史学习教育的力行实践，更是对大连城市精神的固本培元！

（作者系大连市政协委员，大连市社科联副主席）

初心永不褪色

王建钢

　　"父亲的荣誉来自党和人民的培养和关爱，理应归还给党和人民！"在向抗美援朝纪念馆捐赠荣誉奖章时，"七一勋章"获得者孙景坤的儿女激动地说。

　　孙景坤所捐的奖章，不仅有解放东北纪念章、解放华中南纪念章、抗美援朝一等功奖章，还有时代楷模奖章、"庆祝中华人民共和国成立 70 周年"纪念章等，共 16 件。

始终坚守初心

　　从入党那天起，孙景坤就坚定了将自己的一生投入保卫祖国、建设祖国事业的信念。战争年代，他出生入死，屡立战功，先后经历四平、辽沈、平津和解放海南岛等战役，1950 年参加抗美援朝战争，出国作战。复员后，他几十年如一日地扎根乡村，带领群众改变家乡面貌，用执着坚守彰显了共产党员的初心使命。

　　1950 年，朝鲜战争爆发，孙景坤所在部队刚好驻防在中朝边境的安东，这里距他的家乡山城村近在咫尺，但孙景坤却从未提出回家探亲的要求。他说："在外边打了三年仗，咋能不想家？但别人都

不回家，就我特殊？"

入朝作战后，冲锋在前的孙景坤腿部中弹，被送回国内治疗。腿伤还没好利索，他就第二次跨过鸭绿江，奔赴前线。再次入朝后，孙景坤没找到老部队，只好二次回国。后来他费尽周折打听到老部队下落，又第三次入朝……

三别故土，没入家门一次；三次渡江，一心保家卫国。国而忘家，公而忘私，孙景坤用行动彰显了共产党员大公无私的品格风范。

不怕牺牲　敢于斗争

1952年10月27日，孙景坤接到增援上甘岭161高地的命令。当时，高地三面被围，敌军火力空前密集，阵地上只剩几名战士还活着。副连长问孙景坤："敌人这么多，你害怕吗？"孙景坤回答道："不怕，我们一定能坚守住。"面对敌人的疯狂冲锋，从中午一直到深夜，孙景坤带领战士打退了敌人6次进攻，成功守住了高地……

硝烟散去，战友们从被炮弹掀起的泥土中找到了受伤昏迷的孙景坤。战争在孙景坤身上留下20多处伤疤，这些伤疤不仅见证着志愿军战士以"钢少气多"力克"钢多气少"的胆魄血性，更彰显着共产党人舍生忘死的革命意志与勇敢无畏的英雄气概。

淡泊名利　深藏功名

1955年，复员的孙景坤放弃到城里工作的机会，选择回乡务农——"我又成农民了，可当兵后的我跟以前的我不一样了"。回乡后，孙景坤在老家山城村担任生产队长，他带领乡亲们大力发展粮菜生产和山城村建设，在家乡滚兔岭上栽下 13 万棵松树和板栗树，让山城村成为十里八乡有名的富裕村。村子富裕了，孙景坤自己却一直坚守清贫。多年来，他只靠参加生产劳动获得的收入养家，那些沉甸甸的军功章，他也很少拿出来示人。

他的赫赫战功在数十年里无人知晓，"大人者，不失其赤子之心者也"。军功章能深藏，共产党人的初心使命从未忘却。几十年来，孙景坤的岗位、身份一再改变，始终不变的，是他对党和人民的赤子之心！

（作者系丹东市元宝区政协秘书长）

世外桃源卧虎沟

王晓伟

卧虎沟，山川奇峻、草木丰盈，因相传有猛虎出没而得名。登上高山峻岭，看那百年森林，感受岁月变迁的沉淀，山无言，唯剩松涛阵阵似虎啸，披盖着绿意的深山，无际无边。

山脚下，是由山水冲积而成、依山就势的平地，平地上散落着田舍村庄。这里的村子也是古朴的。最夺人眼的是用那在山上捡来的石头修筑的石头墙，石叠石、板叠板堆砌在一起，干干净净，被能工巧匠摆放得整整齐齐，浑然一体。

最让人惊诧的是山里头竟没有手机信号：一脚外面，联通着世

外大千世界；一脚里面，那就是自我世内桃源。这山、这土、这村庄，竟因为这无形的网络而分隔开来。乃恍如隔世之感？自我在繁华与清静之间穿越？人，在这进进出出间，变化的不只是风景，还有心境。

走在乡间小道，置身村庄，细数或久远或现代的房屋，走过老磨盘，老人放羊而归，袅袅炊烟在村庄上空萦绕，才是最亲切最美妙的人间烟火色。

最缠绵的就是春雨，淅淅沥沥地下个不停，在这石板墙、石板路撑着油纸伞走下去，衬着从泥土里冒出来的红的、紫的、黄的、绿的不知名的野花，那是怎样的忘情沉醉？

因为有山，因为有水，卧虎沟乡成为乡村旅游的新兴"打卡"地，山集中的二杖子村和水集中的下井村也荣获"国家级森林乡村"称号。

勤劳淳朴的卧虎沟人对这山水的感情是厚重的，也是虔诚的。把守护好利用好这方秀美山川作为心中的头等大事，保护好山川的一草一木，成为自觉和习惯。在乡村振兴的大幕下，因山就水加快发展旅游产业，种植油菜花、芍药花，大力发展花海观光产业。真是生逢其时，那金黄黄、紫灼灼的一片一片，绽放在山水间，迷醉了多少游人，令多少城里人慕名而来，以慰"乡愁"之切？到了秋季，花籽还能榨油，壮大了村集体收入，带动了老百姓致富。

依托这大山，卧虎沟乡大力发展中草药种植项目，发展上百亩山枣产业园，坡地、荒地得到了最充分的利用，当地老百姓纷纷加入产业合作社——既有锹镐老一套，更用高科技新方式，产业振兴的康庄大道越走越宽广。

为了推动全域旅游优化升级，卧虎沟乡已和六官营子镇白龙大峡谷、公营子镇乐寿古村落连成一体，正着力打通从建平天寿山通往卧虎沟乡的旅游大道。路通到哪儿，树就种到哪儿——暴马丁香、栾树、地桃等树种，不仅赏心悦目，而且香气袭人，树木沿着道，在山岭起伏间向前延伸，像是美妙的音符在跳跃。

踏遍坎坷成大道，一路走来载艰辛。人的作为、人的改变、人的耕种正成为这山水间的一道"新的风景"。

在卧虎沟乡山脚下，京沈客专和赤喀高铁绕山穿过。仿佛现代与古老在此交融，动与静在此汇聚，连接着过往，又走向未来。卧虎沟，祖国母亲躯体的一块，已融入广袤的神州大地，共同拼接出美丽的中国……

（作者系朝阳市喀左县政协委员，喀左县卧虎沟乡妇联副主席）

天冷了，一起干了这碗羊汤

纪艳妮

这碗羊汤，携百年传承，从一个被誉为"燕东胜景"的地方——本溪满族自治县，伴随鲜香，一路而来，演绎着辽东品牌美食的不朽传说。

小市羊汤历史悠久，它起源于碱厂大集，距今已有近600年历史。史料记载，明朝成化四年（1468年）设立边防重镇碱厂，与后金政权交易频繁，呈现出商贾云集的繁华胜景。每年中元节前后，

商户们都宰杀绒山羊祈福祭祀，制作成羊汤给伙计分食或宴请主顾，于是羊汤逐渐成了四面八方赶集者最喜爱的美食。

随着时代的发展以及历代厨师的巧手创新，满、蒙、汉等民族的饮食习惯和特色兼收并蓄，羊汤逐渐从山乡野味中走出，化身辽东品牌美食，成为"辽宁十大名小吃"之一，直至今日，中元节喝羊汤已经成为本溪地区的重要饮食习俗。

辽宁绒山羊是世界最优秀的绒山羊品种，本溪地区草木繁茂，水资源丰富，生活在这里的绒山羊自然脂肪均匀、肉质紧实，食之口感细腻。加工时，厨师先将鲜羊血放到干净铁盆中，加入适量精盐，将混合好鲜羊血的铁盆放入锅中，待羊血凝固后，切成方块状备用。然后将鲜羊骨、羊肉、羊杂（头蹄、红白下货）用清水泡净血水，清洗干净；锅内加入清水，鲜羊骨头、羊肉冷水入锅，文火、武火交替烧 1.5 小时左右，将成熟的羊肉捞起切好备用；再另起锅，将清洗干净的羊杂（头蹄、红白下货）煮制成熟。供餐时，将煮制羊肉、羊骨的汤汁加热后，盛进电磁炉锅（或酒精锅）内，把切好的羊肉、羊血及少量羊杂（肺、肠肚）按照比例倒入加热汤汁的电磁炉锅（或酒精锅）中。端上桌的小市羊汤，汤汁淡白，咸香醇厚，羊肉软烂，质嫩爽口，热而不烫，油而不腻，鲜而不膻。

把淡白的汤汁、鲜嫩的羊肉和嫩滑的羊血豆腐盛入碗中，配上红彤彤的辣椒，再放一撮小葱香菜，一碗色香味俱全的小市羊汤就做好了。

特色美食的生命力重在继承，贵在创新。为了继承和发展羊汤餐饮文化，促进羊汤餐饮经济发展，2015 年 5 月，本溪满族自治县成立了羊汤餐饮商会，实施了以"一碗汤"为代表的本溪满族自治县特色农产品"五个一"工程；2017 年 7 月，在花溪沐举办了本溪观山湖温泉羊汤美食节；在 2019 年中国乡村美食大赛评选中，小市羊汤获得"热菜组金奖"。

今年，县羊汤商会与羊汤商户协商，制定了《小市羊汤标准》，确保从原料到成品的整个生产制作和管理过程规范，保证传统美食的一贯品质。同时，县羊汤商会加强与省内外科研院所食品加工学科方面的对接合作，加大即食产品的研究开发力度，大力开拓电商市场，小市羊汤即食产品已经辐射全国，实现了小市羊汤品牌文化的创新和发展。

未来的小市羊汤，还将深挖羊汤饮食文化内涵，组织开展好羊汤美食节等节庆活动，推进以羊汤餐饮文化为主题的地标街区建设，逐步形成"羊汤、购物、展演、住宿、康养"的产业链条，进一步打造出全国知名的小市羊汤金字招牌。

百年传承出美味，无限精彩在此汤。小市羊汤，作为本溪饮食文化宝库中的璀璨明珠，在平凡的生活里，温暖人们的胃，在时光的交叠中，讲述着辽宁的温情，它盛满了天然的本真和人文的厚度，带着微笑和自信，深情款款地走向未来……

（作者系本溪满族自治县政协委员，本溪满族自治县工商业联合会主席）

一封没有寄出的家书

徐嘉蕾

2022 年 8 月 16 日下午，习近平总书记走进辽沈战役纪念馆，回顾东北解放战争历史和辽沈战役胜利进程，追忆广大人民群众支援前线的感人事迹和革命先烈不畏牺牲的英雄事迹。

今天，我要讲述的是牺牲在辽沈战役锦州之战的朱瑞将军的故事，故事要从一封 70 多年前没有寄出的家书说起。

1948 年 7 月，朱瑞从前线回到哈尔滨，参加东北野战军司令部讨论关于辽沈战役的作战计划和准备工作，组织决定留他在后方工作，但他坚持要求上前线指挥作战。1948 年 9 月 8 日，在奔赴辽沈战役前线的前夕，朱瑞给母亲和哥哥写了这封家书，倾诉了他对亲人的无尽思念，对革命胜利即将到来的喜悦和对炮兵事业的一腔热忱。

母亲，哥哥：

我在民国三十四年十月从延安到东北来，同年十二月彩琴带淮北也到东北。在东北两年多了，我们身体都好。彩琴又生一女儿，名字叫"东北"，很像淮北，快能走了，满健康。彩琴原先身体不好，生东北后保养得好，现在很壮很胖，请勿念。

我在延安做炮兵工作，因我在苏联学的炮兵，我很喜欢这工作。到东北后，人民炮兵大大发展，我很高兴地工作着，身体比过去更好，工作精力更大，工作也顺利。

东北发展很快，我想我们不久就要打进关与华北会合。胜利，这次是真正的胜利与家乡见面，希望！

母亲、哥哥、嫂子及小侄均健康，均团圆见面才好。

苏北及山东打仗很多，听说家乡年成很坏，不知家中如何？

母亲健康否，哥嫂健康否？如有可能，请写信来。因山东、苏北、东北可以通邮，写信是可以寄到的，只是慢点，不要紧。

农民翻身，国家才能强盛。我家土地出租，这就是地主，应该把土地自动献给农民，这才算名副其实的革命家庭。我想，母亲及哥哥必定早做到。我记得在山东时母亲和哥哥都说过，我家都参加革命了，要地是没有用处的。这是对的。

苏北及山东跑反，士杰及坤一、小玲都跑到东北了，后来找到我们，现分配在哈尔滨工作（哈尔滨市南岗区公安分局），他们都好。在东北，坤一又生了儿子，名叫七七

（因七月七日生），一切都很好。还有朱家姐妹跑到东北，我均未找到他（她）们，后来又都回山东及苏北了。我只接到朱爱华一封信，她写信告诉我她回山东去了。我同她也未见面。

听坤一说，大卓在跑反中走失，现在找到没有？

母亲是否仍在二姐家住？二姐家情况如何？各亲友情况如何？均请告知。

因为记挂母亲及哥嫂，去年六月曾派人到山东送信与照片给家里，因山东打仗，都没有送到，至今家中情况不了解，常觉不安，以期胜利后还能团圆，至盼。

至于各侄子辈，仍希统统推动他们出来参加革命工作或学习，才不致落到时代后边，甚至做对人民不利的事情。此事请哥哥负责领导他们。

祝：

全家君安　各亲友好

敦仲敬上

一九四八年九月八日

跨越 70 余年时空，朱瑞将军的红色家书毫不褪色。从家书中不难看出，朱瑞将军对家人充满骨肉亲情，他在信中，记挂着家人的健康，更殷切盼望着革命的胜利和家人的团圆。他希望家人能够把土地还给农民，鼓励小辈们参加革命工作或学习，希望家人能够和他一样参加革命，"不致落到时代后边，甚至做对人民不利的事情"。

不幸的是，朱瑞将军的这封家书最终并没有送到母亲和哥哥的手中。1948 年 10 月 1 日，辽宁义县县城在朱瑞率领的炮兵部队的强攻下，守敌1万余人被歼，义县顺利解放。当天下午，朱瑞在战场尚未打扫的情况下，深入战场一线，不幸触雷牺牲。

1948年10月3日，中共中央发出毛泽东签发的唁电："朱瑞同志在中国人民解放军的炮兵建设中功勋卓著，今日牺牲，实为中国人民解放事业之巨大损失。"中央军委还批准将东北解放军炮兵学校命名为朱瑞炮兵学校。朱瑞是解放战争中解放军牺牲的最高将领。在2009年公布的100名为新中国成立作出突出贡献的英雄模范人物名单中，朱瑞将军位列其中。

在中国共产党领导的波澜壮阔的革命斗争中，有多少如朱瑞将军一样的仁人志士告别父母，远离亲人，走向战场？在紧张的工作与严酷的战斗间隙，他们将对亲人的思念和嘱托付诸笔端，写就一封封充满亲情、激情与爱情的家书。这些家书是革命者与亲人间的心灵交流，承载着战火的记忆，诉说着崇高的革命理想和对亲人无尽的思念。

一寸山河一寸血，一抔热土一抔魂。红色家书犹如一颗颗发光的明珠、一把把燃烧的火炬。新征程上，一代又一代的辽沈儿女正发扬红色传统，传承红色基因，赓续红色血脉，争做红色传人，续写新时代的红色华章！

（作者系锦州市政协委员，中国建设银行锦州城南支行行长）

206

打破茶叶种植的"魔咒"

张立新

"一杯香茗，坐看云起，回手挥落多少岁月烟尘。"中国茶文化源远流长，古往今来，文人墨客多爱茶。据《中国茶叶大辞典》记载：茶树栽培区域最北止于北纬38度线。这条38度线如同"魔咒"一般，始终没有被打破。为了冲破"三八线"，茶文化爱好者任辉首先在山东种植茶树，成功后，他开始将茶树逐渐向北移植，培育茶树的抗寒能力。执着的他用了15年时间，终于将南方的茶树引种到医巫闾山脚下。

任辉从史料中了解到北方镇山医巫闾山曾经有茶树的记载，就立志将南方的茶树引种到医巫闾山地区。引种茶树，光有传统文化的情怀还不够，还要掌握茶树对土壤的酸碱度要求，而且需要严格的降雨量、空气湿度、光照等气候条件。医巫闾山空气清新、生态优良，拥有东北亚面积最大的原始黑油松林，林中空气每立方厘米负氧离子4万个，超过世卫组织清新空气标准40倍，位于医巫闾山南麓的北镇市罗罗堡镇的自然环境正好符合茶树的种植要求。

2016年，任辉开始在罗罗堡镇试种茶树，开辟了50亩地的闾山茶园。4月栽种，5月出芽，7月份第一批茶叶杀青之后，炒制、发酵、转化的效果非常理想。茶树种植的初步成功对任辉来说只是万里长征迈出的第一步，如何让茶树安全过冬才是最大的考验，结合当地实际情况，任辉采取双层冷棚的方式，抵御低温冻害，保证茶树安全越冬。

第二年春暖花开，间山茶园的 50 亩茶树全都发了芽，南方茶树第一次在东北实现安全过冬。任辉发现北方和南方相比，晴朗天气多，昼夜温差大，有利于茶芽发育及提升茶菁品质，促使多酚类化合物含量增加。另外，南方的茶虫不能在北方生存，茶树不用喷洒农药，施的又是有机肥，茶的品质自然就高。

谈起北方种茶的优势，任辉信心十足，"南方的茶树每年只能采收一个月，而间山茶园的茶树至少能采收五个月，茶叶聚合微量元素十分丰富，连采几个月也丝毫不影响茶叶的口感。"任辉成功引种过来的茶树，由南方多地多种野生茶树杂交培育而成，叶壁厚实，齿缘明显，是一种独有的品种。北方土壤休眠周期长，日夜温差大，茶芽生发慢，故茶菁内涵丰富，是难得的好茶。

经过几年的种植探索，加之迥异于南方的气候特点，间山茶已

经具备耐低温、口感好、抗虫害、营养物质含量高等特点，其茶多酚、氨基酸等营养物质积累尤其丰富，形成了独有的东北茶叶特色，并已顺利通过国家茶叶质量监督检验中心检测。

接下来，任辉将以茶树种植专业合作社为平台，带动更多的农户加入其中；他要以茶为"媒"，将闾山茶园打造成集文化、研学于一体，露营体验与茶产业延伸共融的茶文化产业园区，让茶文化铸魂，茶产业扎根，令北方茗茶飘香四海！

（作者系锦州北镇市政协委员，北镇市卫建局副局长）

九门口水上长城

杨　晔

　　大家都知道"不到长城非好汉"，但还有一句流传已久的民谚——"不到九门口，枉来长城走"。

　　坐落在葫芦岛绥中县李家堡乡的九门口长城拥有一段世界上独一无二的水上长城。九门口长城位于燕山山脉东端，全长 1980 米（又说 1704 米），起于险峰绝壁，南接闻名天下的山海关长城，顺山势蜿蜒，逶迤入群山之间，北连号称"三龙聚首"的锥子山长城，是山海关和锥子山之间的重要关口。如果仅止于此，九门口长城就和其他长城别无二致。它的独特魅力就在于没有因为绝壁临水而中断，而是霸气地横跨两山间长达一百多米的九江河（辽宁省绥中县与河北省抚宁县的交界河），从而打破了历史上修筑长城"遇山不断，遇水而绝"的惯例，水上长城也由此得名。

　　跨水建筑统称为桥，长城跨水而建的部分被称为城桥。九门口城桥两侧各有一个正方形的露天围城，城桥长 97.4 米，高出水面 10 米。远观城桥，形成"桥上是长城，城在水上走；桥下走河水，水在城下流"的独特奇观，水上长城名副其实！

　　那么为何以"九门"命名，而非九孔或九洞呢？首先，城桥桥墩异于正常形状——城桥之下，八个看似彼此平行的菱形桥墩由巨

大条石包砌起来，形成九条水道；其次，每个水道流经之处不同于普通桥下的桥洞或桥孔，高7米、宽5米的水道高大如城门，故称为水门。而且，这九条水道都确实曾经装有双重四扇巨型木门，犹如城门一般守护着每一条水道：枯水期关闭，敌人不能穿门过关；洪水期开门泄洪，既能防御敌军入侵，又能灌溉周边田地，成为便民的水利设施。

那究竟为何是九门口，而不是八门口或十门口呢？传说修筑长城前，曾经有九条龙在此地盘卧，呼风唤雨，使得当地风调雨顺，百姓安居乐业。为叩谢龙恩，百姓集资修建九泉清龙寺，这座寺庙至今仍然在九门口南部王家峪屯。后来，古人根据这个美好的传说，在跨河修筑城墙时，特意在九江河上为九条龙留下通过的水道，这九道水门就是现在的九门口。

九门口长城最早建于北齐年间，自古便是兵家必争之地。《资治通鉴》中记载："幽州北七百里有渝关，下有渝水通海，自关东北循海有道，道狭处才数尺，旁皆乱山，高峻不可越。"渝关就是现在的山海关，文中所描述的险峻狭窄之处就是现在的九门口一带。现存的九门口长城建于明代，洪武十四年（1381年），大将徐达奉命主修蓟镇长城，九门口长城就是其中一部分，水上长城号称"九门口关"。因为九门口距离素有"天下第一关"之称的山海关仅有15公里，故被冠名"京东首关"。明代以前，九门口就是出入关里关外的交通要道。1644年，惨烈的"一片石大战"发生在这里。正是在这场激战中，吴三桂大败李自成率领的农民起义军，促使战局出现历史性转变。那么，为何这场发生在九门口的大战被称为"一片石大战"呢?

据抚宁县志记载:"有名一片石者雉堞鳞次,巍然其上者长城也。城下有堑名九江口,为水门九道,注众山之水与塞外者也。"从这段文字可以看出,一片石就是九门口。而且立于此处的修筑长城记事碑文上也记载了万历四十三年(1615 年)和天启六年(1626年)"奉文派修一片石九门"。其实,一片石并非一块巨大的石头,而是河床上面积七千多平方米的过水铺石。远远望去,这片完美衔接的条石仿佛一大片巨石横卧城桥之下。所以,尽管"一片石关"被"九门口关"取代,历史上还是习惯性地将这场战役称为"一片石大战"。

因其战略位置险要,北洋军阀统治时期,直奉两大军阀也曾在此地展开激烈战斗。解放战争期间,英勇的人民解放军也曾在九门口河谷浴血奋战。

古代的烽火早已熄灭,旧时的硝烟早已消散。苍山烟雨间,每一块坚石都曾承载着岁月流逝的痕迹,晨曦暮霭中,每一块青砖都在倾诉着古老的故事。如今的九门口山清水秀:春暖之时,河水碧透,条石可见,周边绿意嫣然,风景旖旎;盛夏来临,河水澄澈,天光摇荡,远山含黛,树木葳蕤;深秋时节,河水清净,云影徘徊,层林尽染,色彩斑斓;最惹眼的是冬季,大雪过后,远山近景皆是银装素裹,屹立于冰上的九门口关越发冷峻,大有不怒自威的气势。

不到长城非好汉,未见水上长城更遗憾,九门口——水上长城等你来!

(作者系葫芦岛市政协委员,葫芦岛世纪高中英语教师)

212

100 年前的"大先生"——乔德秀

刘 英

耕读传家

大先生乔德秀，字兰芝，号希真子，是辽南地区的平民教育家、地方志先哲。道光二十九年（1849 年），乔德秀出生于大连市甘井子区营城子一个贫苦农家，幼年丧父，靠母亲节衣缩食入私塾读书。乔德秀年龄虽小，却能专心向学，塾师教授的课程不仅倒背如流，对其中的寓意也有所了解，为同龄学童所不及。塾师段盛桐先生见乔德秀学习刻苦，勤于思考，但因家境窘迫，常有辍学之念，便免收他的学费，让他安心读书。段先生除了讲授基础课，还经常用古人先贤的名诗名句鼓励学生们掌握学习方法，树立学以致用的报国志向，对乔德秀影响至深。后来，乔德秀为了奉养老母，辍学在家务农。族叔乔维璠深感惋惜，于是慷慨资助其完成了学业。光绪二十二年（1896 年），乔德秀参加科举考试，考中了金州合字号岁贡生。

传道授业

学成后，乔德秀学习授业恩师段先生之举，在自家设馆教书育人。乔德秀教学有方，既重视知识传授，也注重品德培养。学生喜欢听乔先生授课，他博古通今，旁征博引，常以生活闲趣引导学生体会知识之乐，让学习过程如沐春风。他以自己的亲身经历，向学生传授中国传统文化的精神。青出于蓝，而胜于蓝。光绪十二年

（1886年），乔德秀的学生在童试中名列榜首，使小小乡塾声名大振。

乔德秀治学严谨、为人谦和，而且能诗善赋，被公认为辽南名儒，与当时的名士刘鸣盛、李义田、王奎英、韩崑珍、陈荫乔等常有切磋。光绪十八年（1892年），乔德秀受邀到当时东北三省的最高学府盛京（今沈阳）萃升书院讲学。萃升书院是王尔烈、刘春炀等名儒登坛讲学之地，乔德秀能到这里讲学，可见其在读书人心目中的地位。

教育救国

光绪二十六年（1900年），列强侵华，民不聊生，乔德秀无意

于功名，回乡隐居。沙俄和日本相继侵占了辽东半岛，面对家乡父老受殖民统治当局欺压、盘剥和奴役的现状，他深感悲愤。乔德秀不畏强暴，奋起反抗，常常置个人安危于不顾。尤令乔德秀痛心疾首的是日本侵略者对中国人实施的愚民政策和奴化教育。乔德秀看透了日本侵略者欲亡我中华之阴谋。他认为，欲振兴中华，洗雪国耻，必须唤起民众，特别是青少年的爱国之心，这就需要突破日本愚民奴化政策的堡垒，向青少年一代传授文化知识，特别是中华民族的传统文化，让孩子们明白事理，懂得孝道，懂得爱家、爱乡、爱国。

1910 年春天，乔德秀在西小磨子村创立了"金州私立公育两等小学校"，并担任校长兼授课老师。校名沿袭了国内惯用的"公育两等小学校"，以区别于殖民当局的学堂，乔德秀还特意在校名前冠以"金州"二字。这是当时旅大地区中国人自己创办的唯一一所学校。学校的办学宗旨是"爱乡土，爱国家，学习文化知识"。办学不到一年，从四乡慕名而来的学子就多达百人。虽然学校仅开办三年便被勒令停办，但乔先生的思想教育成果却一直影响传承到现在。

著书立魂

乔德秀立志编写一部家乡的地方志。他克服交通不便、资料匮乏、资金不足、身体病弱等困难，搜罗古今史书，调查远近见闻，征其实，举其要，历经数载，编写出了《南金乡土志》一书。

《南金乡土志》全书原稿 2 万余字，分列 19 个专题，记叙了大连地区的形胜、历史、政治、风俗等，是当地近代以来最早的一部方志。编写《南金乡土志》，除了将其作为学校教材之外，更深远的目的是培养青少年诚挚的家国情怀。他在志序中写道："中华自立国以来，除残虐时代而外，吾先民未有不爱其国者。惟立爱自亲始，爱家必先爱国，爱国必先爱乡。"这部书写的是地方志，实则表现出了乔德秀对俄日侵略者的愤慨和光复国土的决心。

除了《南金乡土志》，他还著有《东北要塞鉴古录》《营城子会土地沿革概略》《忍堂治家规则》《鸿指三生录》《女箴》《三芝启蒙》及诗文若干卷。1916年9月12日，乔德秀病逝于故里，葬于西小磨子村南乔家墓地，享年67岁。

师光致远

100年前，乔德秀先生心系家国，怀抱光明，一生致力于教书育人和著书立说，致力于守护传承中华民族的文化根脉和精神，展现了炽热的家国情怀和科学的教育理念，他无愧为人师表的典范。100年后，乔德秀大先生的精神遗产依旧师泽如光，微以致远。

今天，立德树人不仅仅是教育工作者的首要任务，更是全社会的责任。每一位教育工作者都应努力加强思想政治引领，怀揣责任，在新时代新征程上谱写新篇章。

[作者系大连市甘井子区政协常委，大连职业技术学院（大连开放大学）图书馆副馆长]

丹东古镇"三浓"新村

路 遥

　　"三浓"新村景区位于辽宁丹东凤城市赛马镇东甸村，这是一个以红色记忆、乡愁文化和休闲农业为特色的乡村旅游综合体。

　　赛马镇历史文化资源丰富，记录着战国以来的时代变迁，见证着各民族交往交融的佳话，传颂着抗日战争、解放战争和抗美援朝战争中的英雄往事。2016 年以来，本着让历史文脉活起来，让美景美食火起来的文旅融合理念，"三浓"新村深挖细琢历史文化资源，打造以乡浓、情浓、景浓为怀的"三浓"特色，探索出"文旅＋乡村"的创新发展之路。

记忆与向往

　　赛马镇煤炭开采始于清末，曾为新中国的社会主义建设作出重要贡献。改革开放以来，赛马镇的煤炭经济一度蓬勃发展，鼎盛时期拥有 300 多家煤矿。

　　转型路上，赛马镇在积极恢复矿区生态的同时，也在苦苦探索乡村振兴的新路。起初，赛马镇依托自然禀赋，陆续开发了蒲石河景区和天锅古洞景区，这两个景区一个以枫叶之美闻名，一个以地

217

质奇观著称，但受季节和接待能力等因素影响，难以带动全镇经济发展。为了打造赛马旅游产业链，推动农文旅深度融合，赛马镇把目光投向了地域历史文化。

国有史，地有志。"赛马"这个地名源自女真语，明朝称洒马吉堡，清朝称萨玛吉城，后由谐音赛马集简化。赛马地处辽东半岛内陆边缘，自古为军事要塞。1935年至1938年，东北抗日联军第一军第一师在赛马镇东甸村蒲石河山区建立抗日游击根据地，抒写了可歌可泣的英雄故事。1946年10月19日至11月2日，东北民主联军四纵经过摩天岭、连山关、分水岭战斗后，利用赛马集争夺战、双岭子阻击战，诱敌至暖阳新开岭，全歼号称"千里驹"的国民党第52军25师，拉开了东北解放的序幕。

绿色与红色

历史烟云散尽，革命精神永存。在东北革命历史记忆馆里，《记忆的证明》展厅以小孤子煤矿情景巷道为背景，以浮雕、群雕、实物等形式讲述了日本侵略者在赛马掠夺煤炭、残害劳工的血泪史；《东北抗联记忆》展厅重点讲述了杨靖宇、宋铁岩率领东北抗联第一军第一师在赛马和周边地区开展抗日斗争以及当地民众支援抗联、参加抗联的英勇故事；《东北解放记忆》展厅详细讲述新开岭战役始末及其历史意义；《中国雄师——第四野战军》专题馆集中展示100多位赛马籍四野老兵的历史信息，彰显了赛马镇的红色基因和地域风骨；开放式的"赛马历史文化长廊"记述了赛马镇地名由来、建置沿革、遗址遗迹、赛马英雄和民俗风貌等。

配套建设的民俗体验区、赛马老街、民宿区、会务区、演艺区等，使景区的休闲度假功能更加完善。建筑面积近五千平方米的萨玛吉食府，充分体现了赛马人的待客之道。三浓新村成为赛马镇的"后花园"和"会客厅"。

美美乡村，美美与共

一方水土一方眷恋，一方水土一方恩情。几年来，三浓新村成了赛马人的骄傲，天南地北的赛马人纷纷回乡探望。大家在这里回顾革命历史，体验文化风情，感怀新时代的美好和幸福。三浓新村成为当地居民休闲健身的好地方，赏身边美景，迎八方来客，抬脚就在家门口"深度旅游"。

作为丹东地区乡村旅游和红色旅游的新地标，三浓新村也成了周边乡镇和省内外城市居民休闲度假、研学旅行、红色教育的新热门景点，几年来累计接待游客十几万人次，仅新疆喀什的团队就来过十几批。当地居民也在乡村旅游中得到了实惠，外出打工的村民回乡就业创业，当地特色农产品也乘着东风"潮起来"。绿水无弦琴

声远，青山不墨画意浓。红色精神、钢铁画卷、浓浓乡情，三浓新村的美丽故事将徐徐展开。

（作者系丹东市政协常委，农工党丹东市委会主委）

灌区现代化改造　治水兴水惠民生

高学成

2023 年，辽阳灌区被确定为 11 个深化农业水价综合改革推进现代化灌区建设试点之一，也是辽宁省唯一入选的灌区。灌区的综合效能实现了质的飞跃，给百姓的生活生产带来了更多实惠。

辽阳灌区于 1955 年开始兴建，1958 年建成并投入使用，设计灌溉面积 12 万亩，为市属中型灌区，受益范围有 5 个乡镇 36 个行政村共 22 万人口。要说辽阳灌区，首先要讲护城河。辽阳护城河建于明洪武五年（1372 年），距今有 652 年历史。新中国成立后，其防御功能完全丧失，人们只能通过剩下的几段"水泡子"去想象护城河辉煌的过去。为了发展农业，辽阳人民依托护城河的南段和西段，建成穿越城区的辽阳灌区总干渠道。随着城市的发展，护城河沿岸渐渐布满民居、企业厂房、商货市场，房屋以低矮危旧民宅为主，生活垃圾沿岸堆放。为改善城市居民生活环境，加速生态城市建设，市政府于 2004 年对护城河进行改造。建成后的护城河景观带全长 8.8 公里，拥有水域面积 18.1 万平方米。

2021 年，护城河局部出现年久移位、倾覆、栈道坍塌、配套设施损毁等问题，市政府抓住辽阳灌区续建配套与节水改造工程的机遇，实施护城河水景观、水生态和文化展示工程，使护城河渠首段与城区段在水利、生态、人文、历史等方面全线贯通。先后建成的襄渠园、龙兴园、魁星园、喇嘛园、新华园、泰和园、关帝园、明北城墙遗址公园8个特色主题公园，宛如8颗闪亮的珍珠，镶嵌在绿色的护城河畔，呈现出"'河'作青罗带，'园'如碧玉簪"的古城新景。尤其是2022年竣工的襄渠园，占地面积17.9万平方米，漫步园内，亭台楼阁错落有致，水榭浮桥蜿蜒曲折，河滨栈道掩映于林荫之中，透过树叶，斑驳的阳光洒满草坪，望衍亭上，登高远眺，可将鹅房湖的波光潋滟尽收眼底，文化长廊把古城2300年的历史——铺陈。改造后的护城河成为辽阳古城历史文化的展示带、城区亮丽的风景线、百姓散步游玩的重要地域。

2023年4月，在省、市两级政府的共同努力下，辽阳灌区被确定为全国首批深化农业水价综合改革推进现代化灌区建设试点。通过公开招标，引入中国南水北调集团水网水务投资有限公司，以特许经营模式运营管理辽阳未来30年的水网水务工作。为加强水网设施的日常维护管理，确定各类农田水利设施的管护主体，建立日常巡查制度，大力推行"渠长制"，成立农民用水合作社等组织，形成"群众+农民用水合作社+企业"利益共同体，有效防止"跑冒滴漏"等现象发生。充分发挥南水北调现代化灌区管理实验室作用，结合在水利投融资创新、农业水价综合改革等国内前沿领域的研究成果，深入开展灌区现代化管理研究，与中国农业大学深入对接，共同探讨实验室未来发展方向及实验项目内容，为高质量完成辽阳灌区试点任务奠定基础。

试点任务完成后，灌区可改善灌溉面积10.7万亩，年增节水能力901.9万立方米，每年每亩可增产水稻25公斤，农业灌溉保证率将达到85%。辽阳灌区始终把节水放在优先位置，充分利用太子河水资源丰富的优势，尊重自然和客观规律，以水资源的可持续利用支撑灌区的经济社会可持续发展；充分利用历史遗留资源，把灌区建设作为争创历史文化名城的重要组成部分，实现了具有辽阳特色的系统治理；充分发挥市场和政府的作用，有效推动市场和政府更好地结合，群策群力，切实做到治水为了人民、治水依靠人民，助力全省水网"最后一公里"建设。

(作者系辽阳市政协委员，辽阳市政协农业和农村委员会副主任)

223

花园建在矿山里

谭海生　崔红雁

占地总面积 20.91 平方公里，采场空间南北长 3500 余米，东西宽 1750 米，高差 600 米……从山间俯瞰，位于本溪市南芬区的南芬露天矿气势磅礴。这里不仅是亚洲最大的单体铁矿，也是本钢集团主要的原料基地，其出产的铁矿石因低磷低硫的独特禀赋，被称为"人参铁"。

矿山隶属于本溪钢铁（集团）矿业有限责任公司，是目前国内较大的黑色冶金单体大型现代化露天矿山，年产铁矿石达 1300 万吨。目前实际保有矿石储量高达 10.25 亿吨。这里出产的铁矿石含磷、硫极低，易采、易选、易冶炼，矿床距地表较浅，构造简单，适合露天开采。

近年来，本钢人紧跟集团绿色发展步伐，积极践行"绿水青山就是金山银山"的发展理念，以矿山绿色化、管控智能化、生产低碳化为主要内容的"六化矿山"建设为总目标，坚持"立足实际、自力更生、回归自然"的矿山景区建设原则，将南芬露天铁矿打造成集功能性、观赏性于一体，以本钢文史馆矿山馆为核心，涵盖游客中心、党建广场、浮雕广场、矿石公园、矿机公园、观景台等特色景点，作为本溪市第一家通过国家 AAA 级旅游景区验收评定的矿

区，形成了"资源+历史+生态"三合一的融合性工业景区体系，实现了"矿山在花园里，花园在矿山中"的建设目标。

以党旗红引领矿山之魂

党旗是矿山间最耀眼的"路标"。

近年来，矿山党员干部认真贯彻绿色低碳发展理念，将矿山环境改造和环境的美化、靓化作为政治任务来抓，组建工作专班，超前谋划，制定工作路线图，倒排工期进度表，研究部署具体工作内容，召开核心专题、文化提炼和项目推进会议 50 余次，号召全矿党员干部积极参与到"大美矿山"的宏大工程建设中。形成了"1号党员示范公路""运矿作业区景观口袋公园""穿凿作业区党建文化公园"等党建花园景观模块。

以众人智打造矿山之韵

走进"披绿生金"的矿山，绿波涌动，一碧万顷，这背后是本钢人推进矿山生态修复的不懈努力——积极组织花园工厂矿山文化创作团队深入挖掘百年矿山的历史文化底蕴，组织矿山文化精英和艺术人才深入矿山百余次，走访老矿工 120 余人次，收集反映矿山历史文化和历史贡献的珍贵照片、资料、物件和典籍等数百件，为矿山 AAA 景区文化建设赋能；先后投入人力 500 余人次，吊运景观矿机设备 750 吨，吊运摆放矿石 40 余块。经过百余个昼夜的努力，设计规划了"矿石文化公园""矿机世界露天展览馆""矿山丰碑文化景观"等景点，让矿山实现了华丽转身。

以"工作蓝"植下矿山之美

为了让矿山更绿更美，矿山广大干部职工在开采矿产资源的同时，坚持绿化复垦，不断为矿山披上绿色的外衣。近年来，矿山不断开展春种和秋植工作，人员达 2000 人次。矿山绿化工作持续得到开展，共栽植各种树木约 37200 棵，种植花卉、草皮达 12000 平方米，总面积达 180 亩，全面改善了矿山的采场环境。

随着采选一体化推进、地下开采工程上马、GPS 智能调度系统升级、GIS 系统开发、无人机测量技术应用、网络监控全覆盖，"大美"矿山建设理念正被无限丰富和拓展。新的征程上，南芬露天铁矿将用科技进步和技术创新追逐矿山人的"世纪梦想"，胸怀"国之大者"，自觉承担起环保、低碳、文明和谐发展的社会责任与使命担当，以建设成为世界一流矿山企业的时代自信，为全面实现中国式现代化作出矿山人的时代贡献！

（作者分别系本溪市政协委员，本钢矿业公司总经理；本溪市政协社法委主任）

百年天矿的"绿色转身"

张智博

　　抚顺因煤而建，因煤而兴。开采于 1901 年的西露天矿，东起平顶山，西至古城子河，南起千台山，北至抚顺站前，东西长 6.6 公里，南北宽 2.2 公里，总面积 10 余平方公里，开采垂直地面深度 420 米。

　　作为具有百年历史的大型煤矿，西露天矿见证了中国煤矿工业文明的发展和进步，获得过多项国家、省、市殊荣。新中国成立以来，共生产煤炭 2.8 亿吨、油母页岩 5.3 亿吨，为国家经济建设发展作出了重要贡献。

　　可长期以来，高强度的煤炭开采致使资源趋于短缺，造成地质灾害隐患，往日的"富矿"已成为"深坑""包袱"，导致城市发展乏力。如何破题? 2019 年 6 月，西露天矿正式闭矿，由采转治。抚顺成立了西露天矿退煤闭坑综合治理与整合利用工作推进组，出台西露天矿治理开发行动计划，按照"产业+生态+民生"的思路推进项目实施，以此作为绿色发展转型升级的突破口。西露天矿生态修复示范区主要由煤矸石、绿色泥岩、油母页岩贫矿及废渣等排弃物组成。为探索矿山绿色发展关键技术，西露天矿在排土场复垦的基础上，培植植物试验区，栽种培植了枸杞、丁香、野花组合、马鞭草、竹柳、钙果、大果沙棘、玫瑰、花生、大豆，工作人员针对植物品种选择、驯化及栽培管理进行科研试验。

在保障安全的前提下，西露天矿因地制宜，不断改善生态环境，建在西露天矿南麓的"坑口油厂"，就是充分利用矿坑排弃物进行再加工出重油，接续下游企业再生产各种油品，让废弃油母页岩再"生金"。而今在抚矿集团公司西舍场300MW光伏发电站，过去的景象早已不在，映入眼帘的是草木葳蕤、光亮耀眼。沿路而行，一排排整齐的光伏板在蓝天的映衬下，正享受着"阳光浴"，将光能源源不断地转化为电能，蔚为壮观的景象给这片土地平添了科技感，也描绘出一幅绿色矿山建设的美丽画卷。

曾经的城市之痛已经"脱胎换骨"，一排排树木郁郁葱葱，绿油油的水稻田、玉米田一望无际，露营休闲区、玫瑰花海、无动力乐园、田园研学基地等业态丰富，焕发出勃勃生机。一片曾经因百年煤炭开采而满目疮痍的土地，正经历一场深刻的绿色变革，一段从综合整治到产业升级的抚顺路径日渐明朗。

近年来，矿区转型打出"体育牌"，新建成的一竹体育足球训练基地已成为抚顺唯一获国家及省级足协认证的基地，2021 年被选为辽宁省第十四届运动会足球比赛场地。今年以来，基地承办了全国 U13、U15、U17 组以及市长杯、雷锋杯等足球比赛，承接全国 C 级班、D 级班足球培训，昔日的"城市伤疤"变为了"公共健身房"。

昔日寸草不生，如今绿树成荫。西露天矿正逐步推进综合治理和生态修复工作，向绿色发展转型升级。2024 年，抚顺市正式开辟研学版块，利用田园综合体项目的地理优势，辐射 4 个城区，计划开展丰富多彩的研学项目，让青少年了解农业，体验作物生长过程，感受无动力乐园、小剧场、小动物园带来的乐趣。未来，田园综合体项目还将建设越野自行车赛道、健步走赛道、农林废弃物处理项目、湿地等。

五年砥砺奋进，一幅青山绿水的生态文明建设美好图景正在西露天矿展开。未来的西露天矿定会在全市上下的共同努力下，展现出绿树成荫、草木丰茂、鸟语花香的新活力，成为一座山重水复的"世外桃源"！

（作者系抚顺市顺城区政协委员，抚顺广播电视台新闻部记者）

金庸题名慕容街

张孝光

"龙城朝阳，三燕故都；传奇慕容，华夏一脉。"在金庸先生的《天龙八部》中，浓墨重彩描述的慕容家族的故乡就在"三燕故都"——朝阳，朝阳市的"慕容街"也由此而来，金庸先生特意为其题写了街名，笔锋流转间诉说着龙城朝阳的深厚历史和文化底蕴。现今，在朝阳市档案馆里珍藏着金庸先生的亲笔题联和他题写街名的两件手稿。今天就让我们跟随静静流淌的兰台文脉，追寻金庸先生与朝阳的文化情缘。

墨韵相邀。2007 年，始建于三燕时期、享有世界唯一的"五世同体"宝塔美誉的朝阳北塔及其周边广场和南北塔之间的仿古一条街改造完毕，时任朝阳市市长张铁民提议邀请金庸先生题写街名"慕容街"。这一提议源于金庸先生对三燕文化的深厚情感和精准诠释。他的长篇小说《天龙八部》提及的燕国，正是以公元 342 年鲜卑慕容氏在龙城（今辽宁朝阳）建立的前燕政权为原型，故此，朝阳市深情致函金庸先生求取墨宝，以扬龙城。

如果说，在此之前，金庸先生与朝阳的因缘尚存于文学作品中，那么自此以后，便续写了金庸先生与朝阳的殊胜缘分。该邀请信是由中国作协会员、朝阳市作家秦朝晖先生精心撰写，这封诚挚的信函不仅是历史的见证，更承载了文化交流的深远意义。

求得墨宝。为了写好这封信，秦朝晖反复研读金庸的文学作品，深入挖掘文史资料，不断润色打磨文字，力求精益求精。同时，他还巧妙地将朝阳丰富的历史文化融入其中，将朝阳与慕容家族之间的深厚渊源娓娓道来。在字体的选择、格式排版、装裱设计等细节上更巧妙地融入了朝阳本土的文化元素，专门印制了朝阳市人民政府竖版明八格宣纸信笺，邀请中国书法家协会会员、朝阳市著名书法家孟庆冰以软笔小楷誊写，并由张铁民市长亲笔签字加盖个人印章……最终，金庸先生被这封承载着厚重文脉、真挚深情的信函打动，慨然应允，挥毫泼墨。由此，金庸先生与朝阳结下不解之缘。

共续前缘。2009年4月8日下午3时，张铁民市长一行如约来到香港北角渣华道嘉华国际中心的明河集团总部，金庸先生满面笑容地走出来同大家热情握手。简短寒暄之后，金庸先生开门见山："应你们的要求，我写的字收到了吧？我的字写得不好，你们是否满意啊？"张市长连忙表示谢意："您是我们朝阳的老朋友了，您的作品中蕴含了深刻的哲学内涵和历史眼光，《天龙八部》中刻画的姑苏慕容的发祥地就是朝阳，感谢您为我市题写的慕容街匾额和题词。"

在亲切的交谈中，从金庸先生的《天龙八部》引出朝阳曾为三燕古都的传奇历

金庸先生亲笔题写的"慕容街"牌匾

史，进而谈起了朝阳的牛河梁红山文化、古生物化石文化、佛教文化，金庸先生兴致勃勃，边听边问。原定一个小时的会面，因相谈甚欢而持续了两个多小时。会面结束后，大家起身告辞，金庸先生热情地向张铁民一行逐一赠书签名，并合影留念。

如今，金庸先生的珍贵墨宝就悬挂在朝阳慕容古街仿古牌楼的匾额之上，熠熠生辉。古城朝阳与金庸先生结下的深厚缘分，无疑将为新时代朝阳文化事业的发展注入更深厚的底蕴和更悠远的人文情怀，引领着朝阳文化在新的时代背景下绽放出更加璀璨的光芒。

（作者系朝阳市政协委员，朝阳市档案馆馆长）

老字号创业谱新篇

刘红梅

鞍山联营公司于 1953 年开业，是鞍山市建店最早的老字号商业企业，深受钢城人民喜爱。

改革开放前，鞍山联营公司是全市的"商业老大"，"初次创业"的成功支撑起 30 年的发展与繁荣。20 世纪 90 年代后期，联营公司的发展缓慢下来，开始由计划经济向市场经济转型。2002 年，全国五一劳动奖章获得者、全国三八红旗手任素华出任公司董事长兼总经理。联营公司在任素华的带领下，以"不服输"的精神大胆进行改革，实现了从传统经营到现代业态的成功转换，企业获得新生。通过"二次创业"，联营公司这个"老字号"大旗重新高高举起。

如今，联营公司坚持"敢"字当头，擦亮"干"字底色，信心百倍地进行"第三次创业"，让"老字号"焕发"新活力"。

联营公司顺应消费升

"初次创业"的联营公司

233

级趋势，不断更新经营理念，着力满足百姓个性化、多样化、高品质的消费需求。2023 年，联营公司扩大家电城至三层，面积达 9000 平方米，成为鞍山最大的家电城，产品丰富。产品的升级换代以及店容店貌的升级，使得老商场换新颜，迎来了包括年轻人在内的更多消费者。顺应互联网商业发展趋势，联营公司抢抓机遇，应对挑战，积极打造新消费场景，实现线上线下融合购物新体验。线上，公司在抖音、快手平台进行直播宣传引流，吸引众多粉丝客户线上消费，进一步扩大家电城的影响力。线下，在商场打造家居式环境，提升客户消费体验感，客户可以坐在沙发上选购适合家里尺寸的电视，可以在洗衣间里看到洗衣机运转的方式，可以在餐桌上感受无风感空调带来的舒适……联营公司既为客户提供商品，又为客户提供装修设计方案，多角度满足客户更高层次的购物需求。

对外，联营公司坚持"走出去，带回来"，组织干部职工到广州、珠海、深圳、青岛、温州等城市参加家电展销会及经销商交流会，掌握市场发展的第一手信息。对内，鼓励营业员"走出商场，走进客户家"，进行实地回访，了解顾客的需求及使用效果，并聘请全国劳模和人大代表为企业诚信服务形象大使，全国劳模崔炳君打造出售后服务品牌"崔炳君售后服务小分队"，联营公司的诚信经营品牌在鞍山家喻户晓。在鞍山百姓呵护中成长起来的联营公司不断成长，用行动践行着"老字号"企业的责任与担当。公司在 71 年的经营历程中坚持以诚为本、以信取民，得到了消费者的信赖，赢得了社会的认可，先后荣获辽宁省诚信示范企业、辽宁省价格诚信单位、鞍山最具影响力的老店等诸多称号，助力辽宁全面振兴新突破。

（作者系鞍山市政协常委，鞍山市妇联党组成员、副主席）

向全世界递出的"生态名片"

姜　利

辽宁新增一张世界级"生态名片"。当地时间 7 月 26 日,在印度新德里举行的第 46 届联合国教科文组织世界遗产委员会会议(世界遗产大会)上,辽宁大连蛇岛—老铁山候鸟栖息地等被成功列入《世界自然遗产名录》,这是大连乃至东北地区第一项世界自然遗产。

辽宁大连蛇岛—老铁山候鸟栖息地位于大连市旅顺口区，地处蛇岛老铁山国家级自然保护区内，提名地包括九头山和蛇岛两个部分，总面积约 1909.35 公顷，在生物多样性保护方面具有全球性的突出价值。老铁山为迁徙猛禽提供了足量的食物和渤海海峡最短飞跃路线，成为大量猛禽南迁越冬的首选路线，被誉为"鸟栈"。蛇岛是近 2 万条蛇岛蝮（中国特有种）的唯一栖息地，蛇岛蝮仅以每年春秋迁徙经过蛇岛的小型雀形目鸟类为食，构成了特殊的岛屿生态系统，同时，蛇岛也是以国家一级保护动物、IUCN（世界自然保护联盟）红色名录易危物种黄嘴白鹭为代表的珍稀水鸟繁殖地。

特殊的地理位置和山海禀赋，让大连成为全球候鸟迁徙的重要栖息地和中转站。每年秋季，来自西伯利亚、蒙古草原和我国东北的 372 种、上千万只鸟类飞山越岭，途经蛇岛老铁山。东方白鹳、白肩雕、金雕、白尾海雕、虎头海雕、海鸬鹚、凤头蜂鹰、白尾鹞……国家一级重点保护鸟类 21 种、二级重点保护鸟类 65 种，在这里飞翔、栖息。老铁山还是全球久负盛名的猛禽迁徙中转聚集地，每年秋季有数十万只猛禽经此迁徙，跨越渤海海峡，或沿渤海海岸线南迁。

2020 年，国家林草局下发文件，将包括大连蛇岛—老铁山候鸟栖息地在内的 4 省市 11 处候鸟栖息地列入申报中国黄（渤）海候鸟栖息地（第二期）世界自然遗产提名地。从国家到地方，各级党委、政府高度重视此次申遗工作。国家林草局、辽宁省政府、大连市政府分别成立申遗工作领导小组，全力推进工作落实。大连市在省内率先完成申遗文本材料编制报送，同时全面对标世界自然遗产保护管理要求，在市规划展示中心建设申遗展厅，并开展候鸟栖息地管理能力提升项目、生态修复等工程建设。2023 年 5 月，国际专家来连实地考察，对申遗工作给予充分肯定。

申遗可谓一场"生态大考",考验的不仅仅是一处提名地,更是对整座城市生态建设水准的全面测评。用 4 年时间完成了一般申遗项目需要 8 年左右的任务,这是辽宁上下践行"绿水青山就是金山银山"的发展理念,坚持不懈走生态优先、绿色发展之路的奋斗结果。

蛇岛老铁山自然保护区的保护和管理是一项长期而艰巨的任务,需要全社会的共同努力。旅顺口区政协曾组织政协委员 20 余人围绕蛇岛老铁山自然保护区管理情况开展协商式监督,委员们就如何加强保护区基础设施建设,提升科研监测水平,加强公众教育等方面提出了许多宝贵的意见和建议,为守护好这片绿色家园贡献自己的力量。如今,保护鸟类、爱护自然已经成为市民的自觉行动,大连蛇岛—老铁山候鸟栖息地走上世界大舞台,成为全人类共同呵护的瑰宝,这也将大幅提升辽宁在全国、全世界范围的知名度、美誉度。

（作者系大连市旅顺口区政协党组书记、主席）

记忆中的永安桥

刘　璐

　　抚顺依水而建，浑河犹如一条美丽璀璨的丝带，连接着南北两岸，将城市串联起来的同时，也让人真切感受着城市的脉动。

　　今天，我想介绍一座见证这座城市蜕变的桥。它曾历尽百年风雨，犹如一位饱经沧桑的老人，如今，它已然变成时尚的年轻模样。它不仅仅是一座桥，更是抚顺的一个符号，它就是永安桥。

永安桥旧景

永安桥的起源要追溯到 20 世纪初的日俄战争时期，俄军为了巩固防线，修了一条抚顺城至山龙峪的轻便铁路运送物资，为使铁路通过浑河，俄军在抚顺城南的浑河北岸至南岸山咀子村东北的钓鱼台山西侧（今抚顺友谊宾馆西）修建了一座宽四米的轻便木桥，这座桥便是市区内浑河上修筑的第一座桥。

1905 年 3 月 9 日傍晚，从马郡单堡败退到浑河北岸的俄军，放火焚烧木桥以阻止日军追击。来自四国岛的日军第十一师团的工兵连夜抢修被烧的木桥，并将这座木桥命名为"四国桥"。但不到一年时间，这座桥便被洪水冲走，导致浑河南北交通不便，又恢复到初始状态。

1907 年，爱国志士张振声等募集民捐，重新在原桥址修建了一座七十七孔松木大桥，由于设计不当，竣工不久便被洪水冲断。1909 年，对该桥进行补修加固，竣工后将该桥定名为"抚顺桥"。1911 年，桥基被冲垮。大水过后，抚顺地方居民决心修筑一座"石桩铁梁桥，以期一劳永逸"。1913 年，当时的抚顺地方政府与日本炭矿共同出资修建了一座半永久性桥梁，桥宽不足 5 米，桥长 330 米，桥墩由混凝土构筑，其余部分仍是木结构，这是抚顺地区横跨浑河的第一座半永久式桥梁。该桥落成后，日本人想要继续命名为"四国桥"，抚顺民众坚决反对，坚持以"永安桥"命名，取"永庆安澜之意"。从此，无论此桥如何翻修或重建，一直以"永安桥"命名。

永安桥经历了三次改造加宽，随着抚顺经济的飞速发展，机动车越来越多，浑河两岸交通更加频繁，耄耋之年的老永安桥已经不堪重负，于 2004 年退休。

2005 年，新永安桥在原址建造而生，长度更长，桥面更宽，造型更美观，新颖的两跨单斜塔双索面斜拉桥从侧面看像一只展翅欲飞的雄鹰，继续担负起前任的使命。驻足桥上，近看浑河滔滔向西，远看对面车水马龙。最热闹的是华灯初上，绚丽多彩的灯光像是给桥面"穿"了一件"霓虹衣裳"，桥下则是热闹的舞台，唱歌、跳舞、打拳……盛世繁华与人间烟火，皆呈现于人们的眼前。

一座桥能映射出一座城市的兴衰。改革开放后，抚顺经济发展迅速，城区规模不断壮大，为了使两岸连接得更紧密，在市区内38.5公里的河岸上，架起了16座桥梁，进一步拉开城市发展框架，形成区间融合的城市路网新格局。如今，两岸城区和各具特色的桥梁已成为抚顺最美的风景线之一。桥梁建设不仅仅是抚顺推进基础设施建设、提升城市通行能力的重要一环，更是抚顺踔厉奋发、勇毅前行转型发展道路上的缩影；而抚顺，也像永安桥的名字般，康乐、向上……

（作者系抚顺市政协委员，抚顺市文化旅游和广播电视局政策法规科一级主任科员）

在城市原点遇见别样大连

胡斌茂

    大连胜利桥北历史文化街区，梧桐掩映下隐藏着一个"达里尼"风格的花园，古朴的 29 号洋房穿越百年时光，静静守候在城市一隅，褪去比邻的俄罗斯风情街的热闹繁华，变身敬敷茶书房，让闹市充满了书香，散发出别具一格的艺术魅力。

    1898 年，沙俄强租旅大，次年 8 月，宣布大连为自由港，将城市命名为达里尼。1899 年，俄国建港专家萨哈罗夫以法国巴黎为蓝本进行了最早的城市规划。

    现今的团结街和烟台街，也就是胜利桥北的历史文化街区，是大连市第一个完整建置的行政区域，也是全国第一条具有 19 世纪和 20 世纪俄罗斯风格的风情街。这条街道不仅保留了 38 栋历史

悠久的远东白俄罗斯时期的建筑，还富含文化底蕴，见证了大连作为一个港口城市的历史变迁，被誉为大连开埠的原点。在历史光晕的扩散中，这个充满历史底蕴与艺术气息的复古地标，曾经吸引了大批国内外游客慕名而来。

20世纪末，由于各种原因，当年那些具有英式或哥特式建筑风格的官邸、学校、宾馆、公园、医院、俱乐部被尘埃覆盖，28栋具有百年历史的欧洲折中主义风格的洋房被冷落，闲置严重，俄罗斯风情街人气低迷。2000年、2012年，大连市政府先后两次启动街区改造，使之成为省级历史文化街区。2023年，西岗区把俄罗斯风情街建设作为提升城区魅力、释放消费潜力的重要举措，以打造历史文脉传承区为抓手，再次启动老街区提质升级。

和每个大连人一样，我和我的团队对胜利桥北始终有一种情愫。我们想精心修缮这28栋历史建筑，让这些承载着历史与回忆的老建筑在今天依旧能够散发出独特的韵味，于是便有了敬敷茶书房——在这条充满独特建筑的宁静低调之地酝酿出的具有艺术与文化魅力的平台。

推开户外花园的白色木栅门，梧桐蓊郁，绿意盎然，与盛开的花朵相映成趣。古红墙面和门窗上斑驳的痕迹诉说着时光的流转，而铁质雕花桌椅则散发着巴洛克风情的独特韵味，仿佛让人穿越时光，处处都是历史变迁的见证。书房内温暖的黄色灯光弥漫在房间的每个角落，胡桃色的木质墙面和地板，各式各样的古董家具，这些琐碎的老物件仿佛把人带回了民国时期的摩登年代。踏上古老的木地板，拾阶进入二层空间，复古书架上陈列着讲述这个城市故事的书籍以及和这个城市有关的文创产品、年轻人喜欢的城市"白月光"……店内播放着古典音乐，阳光透过窗外的梧桐洒进来，手拿一杯芳香的咖啡，细细品读纸张上的墨香，岁月静好也不过如此。晚上六点之后，书店又会化身成迷人的小餐吧，散发出复古又浪漫的氛围……

依托 29 号洋房的原有风格，我们坚持文物保护与利用统筹兼顾，以"大连原点"为主题，努力打造"大连记忆"浪漫休闲场景。尽管距离俄罗斯风情街仅有咫尺之遥，但完全没有都市的嘈杂，这里的舒适度恰到好处，成了忙里偷闲的绝佳去处。

西岗区启动的胜利桥北商业重构项目，旨在打造"一步一景、一店一设、一组团一主题"的品牌街区。敬敷茶书房只是这条古老街区的一个点，这里还引进了欧洲点灯仪式、普希金诗歌朗诵、阳台弹唱、俄罗斯沉浸式歌舞表演等全天候体验项目，胜利桥北历史文化街区的文化内涵正在被深度发掘。

历史逐渐远去，但一件件文物正在被盘活，一个个街区正在被重塑。来这里吧，无论您是本地人还是来大连旅游的朋友，一定要到这里看看，这里是大连的建市原点，大连正是从这里逐步成为一个现代化的浪漫都市。

来大连吧，我们在城市的原点等你！

[作者系大连市政协委员，六尺相（大连）文化传媒有限公司总经理]

"宝葫芦"的秘密

赵 亮

仲夏时节,古镇微风不燥,游人如织。六一童趣回味展、青绿映龙舟、夜晚烟花秀等节目纷纷上演,引得各路记者竞相采访报道。可谁曾想,多年前,这里还是一片无人问津的盐碱地。从无到有,由小到大,这就是我们葫芦岛人引以为傲的葫芦古镇。

小梦想,大手笔

二十多年前,创业初期的葫芦古镇经历了无数的艰难与挑战。虽然地处渤海湾黄金海岸线的辽西走廊,但鲜咸的海风吹过,只留下沙沙的响声,创业者们面临的首要难题就是基础设施建设。为此,建筑行业出身的葫芦古镇董事长王国林全力发挥个人技术优势,千方百计筹措资金,将几千亩的荒山、荒滩、荒沟、荒坡打造成令人叹为观止的"风景独好"。

"好在我们古镇人没有放弃,始终坚定信念,砥砺前行,因为我们相信所做的是正确的选择!"忆及创业艰辛,王国林如是感慨。从此,葫芦古镇———一个充满诗意的名字,开始在这片四荒之地生根发芽。

小古镇，大文化

众所周知，文化产业收益周期长，特别是搜罗具有年代感的关东老物件，既耗时费力，又价格不菲。创建初期，就有很多人劝说葫芦古镇在一些文化项目上要及时止损，但王国林认准了抢救传承传统文化这条"死胡同"。很多外地游客来后也不禁发出感慨："葫芦古镇的这个小窗口，打开的却是关东民俗和葫芦文化的大世界。"

如今，葫芦古镇已然成为中国关东民俗文化的瑰宝殿堂，成为中国关东民俗文化和中国葫芦文化的代表地。

小景区，大情怀

葫芦古镇的发展壮大，带动了周边千余农人前来就业。"咱也像城里人，在家门口就能上班挣钱，真好!"龙港区笊笠村村民魏大爷开心地说。魏大爷是土生土长的农村人，除了种地，别无所长，而葫芦古镇的生态农业园则为魏大爷找到了用武之地。

"像魏大爷这样的人不在少数。优先为附近村民提供就业岗位，这也是我们的社会责任。"葫芦古镇文旅负责人说。

随着游人的增多，商机也随之而来。纯手工的小吃街、古法工艺的老作坊、"非遗"传承的葫芦烙画等，都在这里有了一席之地，葫芦古镇的发展成果不断转化为殷实的民生福祉。

小冰雪，大生态

"绿水青山就是金山银山，冰天雪地也是金山银山。"习近平总书记对生态环境保护和经济发展的辩证论断，为摸索中前行的葫芦古镇竖起了一面高高飘扬的旗帜。葫芦古镇在全面加强生态环境保护的同时，隆重推出"关东民俗雪乡"盛会，将天然禀赋的冷资源发展为朝气蓬勃的热产业，为葫芦古镇进一步发展坚定了信心，也使古镇成为葫芦岛市唯一一家全季全时运营的旅游景区。

花开花落，斗转星移。如今的葫芦古镇已不再是那个初具规模的小镇，而是一个闻名遐迩、充满活力的文旅产业集聚区。

往昔已展千重锦，明朝更进百尺竿。再次踏进葫芦古镇，国家AAAAA级景区创建、福禄水岸小吃街、福禄温泉度假酒店、笊笠码头休闲渔业、葫芦海湾赶海拾蟹等项目正在热火朝天地建设中……我们相信，葫芦古镇的明天会更加美好灿烂！

（作者系葫芦岛市龙港区政协委员，龙港区融媒体中心主任）

从贫困村到"全国文明村"

赵云岚

在广袤无垠的华夏大地上，无数的乡村宛如璀璨繁星般熠熠生辉，演绎着别具一格的发展故事，而在这浩如烟海的繁星之中，有一颗闪耀崛起的璀璨新星——小平房村。从贫困村到"全国文明村""全国生态文化村""中国美丽休闲乡村"，30 年的时间里，朝阳市建平县小平房村发生了巨大的变化。

曾经的建平县小平房村贫穷落后。"愁水坑愁水坑，有地几根垅，有水装半坑，家家土平房，户户煤油灯。"这是当时村民形容小平房村的顺口溜。三十载风雨兼程，小平房村人怀着"敢教日月换

新天"的壮志豪情，披荆斩棘，奋勇向前，走出了一条"产业兴旺、生态宜居、乡风文明、治理有效、生活富裕"的乡村发展康庄之路。如今，小平房村宽敞舒适的别墅群错落有致，宽阔平坦的柏油路交错纵横，色彩缤纷的霓虹灯梦幻闪烁，清凉洁净的自来水若甘霖流淌，人群熙攘的文体广场似欢乐海洋，一幅和美乡村的绚丽画卷在这片土地上铺展开来，过去的贫困村实现蝶变，成为朝阳市美丽乡村先锋村。

回顾过去，小平房村紧紧抓住铁矿业蓬勃发展的契机，精心建设铁选企业，掘得第一桶金，为村集体经济的崛起筑牢根基。随后，小平房村积极推动三产融合，构建起资源要素"高度集聚、融合协同"的经济生态。通过土地流转，大力发展林果业，开创性地推出"返租倒包"新模式，陆续开辟出果业园区、畜牧养殖小区、富硒杂粮基地、中药材种植基地、小麦种植基地、智慧农业园区，铸就了现代农业示范高地。与沈阳农业大学食品学院携手合作，依托自身独特的资源禀赋，延展产业链条，做强南果梨产业。南果梨果汁、白兰地、冰酒、干酒等一系列精品，不断亮相百姓餐桌。小平房村精心打造 AAA 级景区天秀山森林公园，建设"净月溪"景观水系，推出梨花节、灯光秀、枫叶节、采摘节等特色品牌，形成了一条由天秀山景区、小麦基地、南果梨基地、躺营、民宿、村史及党史长廊、小平房村服务中心等自然、人文、村史以及特色农业构筑的集休闲观光农业、自然风光、研学旅游等相融合的新业态。

为加速促进乡村与城市的深度交融，小平房村的道路与城区南外环紧密衔接，打通城乡一体化交通环线"最后一公里"，让小平房村与城区的联系更加紧密，传统与现代在此完美交织。石墙、老屋散发着古朴的韵味，新鲜的泥土气息与菜蔬的芬芳交融。品尝一块石磨豆腐，轻抿一口南国梨酒，很多外地人走进小平房村的农家乐院子，度过快乐的休闲娱乐时光。在物质生活日益丰富的同时，小平房村高度重视精神文明建设，全力培育文明乡风、良好家风、淳朴民风。建设标准化村办幼儿园、小学、敬老院、健康驿站，切实实现幼有所育、学有所教、老有所养、病有所医。以党员干部、平房好人、热心村民为核心，组建志愿服务队，广泛开展送温暖、献爱心活动。依托新时代文明实践站、道德讲堂、农家书屋、文化广场等阵地，举办丰富多彩的理论宣讲、专题知识讲座、群众性文化活动。广泛开展"文明家庭"和好儿媳、好邻居等系列评选活动，倡导道德新风，使崇尚美德、践行美德的观念在村里蔚然成风。

村党委书记钱学余带领村"两委"班子，充分发挥村党委的头雁引领作用和村基层党组织的战斗堡垒作用，始终坚守"发展集体经济、走共同富裕"的道路，牢固树立"党建引领、生态优先、民生为本、三产融合、共同致富"的发展理念，切实将党建优势转化为乡村振兴优势，持续推进乡村振兴，实现了从"山区"到"景区"、从村民"先富"到"共富"的转变。近些年，小平房村先后荣获多项国家级殊荣。带着沉甸甸的荣誉，小平房村将继续奋力发展前行，为推动乡村振兴再立新功！

（作者系朝阳市建平县政协党组书记、主席）

大船海工的造船梦

郭　超

我出生在大连，父亲是造船工程师。受父亲影响，我很小就有一个造船梦。后来，我以全系第一的成绩考上了大连理工大学船舶工程学院并在本校读了研究生，之后又远赴加拿大留学。

学成后，我婉拒了加拿大有关方面递来的橄榄枝，也放弃了去美国的机会，毫不犹豫地回到了大连。我觉得自己就像一滴水，要想永不枯竭，就要融入大海，而家乡大连正是我要投身的那片蓝海。

2009 年，我进入大连船舶海洋工程有限公司（以下简称"大船海工"），从基层营销员做起。当时，公司特别缺少既懂专业英语又好的营销员，我从营销员干到营销经理，再到营销部部长，一直到如今的营销副总。一路走来，最让我自豪的是参与了大船海工自救式重整。

大船海工之前主要做油气开采装备制造，比如建造海上钻井平台等。但后来受石油价格影响，订单方违约，大船海工的资金链一度断裂，想要走出困境，险阻重重。彼时，我们像面对一道难解的数学题，似乎哪一种思路都找不到答案。几经波折，历时 3 年多时间，大船海工终于在 2021 年年底实现了自救式重整，浴火涅槃。如今，大船海工已逐步完成转型，拓展了新业态，找到了新的业务增

长点，并且现金流充裕，经营状况良好。

　　大船海工主动拓展新业态，承建液态二氧化碳运输船。早在2019年，公司的管理层就深刻意识到不能只靠"一条腿"走路，必须开辟新业务，并锁定了新能源方向。当时，挪威北极光公司招标建造7500立方米液态二氧化碳运输船，全球50多家船厂参与竞标。那段时间，我真的是夜以继日地忙碌，经常半夜时分还在与挪威方面开视频会议……大船海工与北极光公司高度契合的理念以及大船海工极高的重视程度，打动了对方。最终，大船海工脱颖而出，签订了首批两艘7500立方米液态二氧化碳运输船的建造合同。作为全球承建首批二氧化碳运输船的公司，大船海工由此开辟了全新业务，走出了单一依靠传统油气开采装备制造的窘境。

　　2023年以来，大船海工又接到挪威北极光公司两艘二氧化碳运输船的建造订单。2024年5月30日，二氧化碳运输船三号船正式开工建造；6月底，四号船建造项目也正式启动。随着全球"双碳"

战略持续推进，工业二氧化碳捕获、运输和封存产业链处于构建和发展的朝阳阶段，这个新兴产业规模庞大，潜力无限。大船海工作为拥有全球首批二氧化碳运输船建造经验的船厂，可以充分发挥自身优势，结合大连处于渤海湾的区位优势，加快融入全球二氧化碳产业链。如今，在二氧化碳运输船核心装备和设计领域，大船海工拥有主导权，并且在与船东洽谈合作时也拥有一定话语权。

未来，大船海工二氧化碳运输船项目在公司总业务中占比将超过 50%。相关数据显示，到 2030 年，全球将新造 50~100 艘二氧化碳运输船，大船海工有信心拿到其中一半以上的订单。届时，我们的二氧化碳运输船项目年产值有望达到 40 亿元人民币。面对大船海工的未来，我们信心满满、雄心勃勃。

（作者系大连市甘井子区政协委员，大连船舶海洋工程有限公司副总经理）

小虫草撬动大市场

董艳红

近年来，辽阳灯塔市全面落实"稳农业、强工业、扩内需、促开放"工作思路，坚持以科技创新引领现代化农业产业体系建设，努力调结构、优布局、强产业，全链条加快形成新质生产力，全面提升农业产业含金量、含新量，产业发展新动能加快形成，农业现代化发展呈现良好态势。

坐落在灯塔市西部的柳条寨镇是全国北虫草培育、加工、供应基地之一，先后创立了益众北虫草、鸿运、佳合康、鸿翔、锦诚等品牌。产品销售地以广州等南方城市为主，并远销中国香港、韩国等地。

北虫草是北冬虫夏草的简称，也叫蛹虫草、虫草花，是一种食用菌类。据权威部门检测，北虫草富含虫草素、喷司他丁等多种生物活性成分，具有抗肿瘤、抗病毒、延缓衰老、免疫调节、降血糖、降血压、降血脂等多种生物功效。

2009 年，柳条寨镇开始引进培育北虫草项目，靠着得天独厚的地理优势，产业发展迅速，成为柳条寨镇主导产业之一，带动 2000 余人实现本地就业，使越来越多的农民靠着虫草走上乡村振兴的致富路。目前，全镇已有柳条寨村、蒿子屯村、南李大人屯村、北李

大人屯村4个村培育北虫草，已建设和正在建设的北虫草培育彩钢温室大棚共计350个，总占地面积近1500亩。由于温室大棚规模不同，每个大棚可培育出北虫草5万盆至12万盆，每盆产出鲜草650克左右，每年产出4茬，全镇北虫草年产出鲜草约5.4万吨、干草约0.9万吨，年产值近4.5亿元，经营收益达到1.8亿元。

为进一步提高产业集聚优势，培育龙头企业，形成地域名片，柳条寨镇党委将4个北虫草产业村党组织组建成为北虫草产业联合党委，共同探索北虫草产业发展新格局。目前，北虫草产品主要用于食用，鲜草、干草可用于煲汤、拌菜、涮火锅等，深加工产品正处于初级探索阶段，已开发出的虫草酸菜、香辣虫草花、虫草酒、虫草罐头等产品深受消费者喜爱。下一步，将引导企业大力开发北虫草下游产品，包括北虫草废水养鱼、北虫草麦饼饲料等，不断加大科技投入，深挖北虫草在美容护肤、医疗保健等领域蕴藏的巨大市场价值，通过整合优势资源，真正将北虫草产业做大做强，让人民群众享受到乡村振兴带来的发展红利。

"世界虫草在中国，中国虫草在灯塔，灯塔虫草在柳条。"如今的小虫草已经成为大产业，在亮点频现的灯塔特色经济中独树一帜，成为引领全市乡村振兴的强劲力量。

（作者系辽阳市灯塔市政协委员，灯塔市融媒体中心总编）

八次"牵手"达沃斯

王　芳

　　2024 年 6 月 25 日至 27 日，以"未来增长的新前沿"为主题的第十五届夏季达沃斯论坛在大连国际会议中心举行。来自政界、商界、社会组织、国际组织、学术界和媒体界的代表在论坛中围绕全球新经济、中国和世界、人工智能时代的企业家精神、产业新前沿、对人进行投资以及气候、自然与能源的相互联系等六大主题开展的 200 多场分论坛中进行讨论。这是夏季达沃斯论坛与大连的第八次"牵手"。

　　世界经济论坛成立于 1971 年，当时叫作欧洲管理论坛，创始人施瓦布教授一直关注世界经济的合作与发展。在此后的 30 多年间，施瓦布教授逐渐发现全球的重心正由西方转向东方，而作为世界第二大经济体，中国的经济表现备受关注。施瓦布教授决定于 2006 年在中国成立世界经济论坛北京代表处，同时，在网络上向中国沿海城市发出了邀请，希望沿海城市能够作为世界经济论坛新领军者年会的主办城市。当时，我在大连贸促会工作，得到这个消息后，我和同事们进行了深入了解，发现这是一个既高端又庞大的国际组织，汇聚了各国政要、企业精英、专家学者和社会民间的领导人共同研究世界经济、科技发展问题。如果能够争取到这种会议的承办权，大连将走向世界，承办会议也将成为大连走向现代化国际化的标志。

在大连市委、市政府及相关部门的共同努力之下，世界经济论坛选择大连作为 2007 年首届夏季达沃斯论坛的主办城市，并且每年由大连和天津两座城市轮流举办。世界经济论坛是能够关注全球经济社会发展的世界性机构，很难得世界上除了联合国以外，还能有一个非官方的国际组织，把全球各个领域的热点问题汇聚起来，由很多核心人物一起研究。

夏季达沃斯论坛，每年都会有一个主题和很多议题推出。这些议题的讨论对未来世界的发展起到了帮助和指导性作用。比如，2016 年世界经济论坛，提出了区块链、大数据分析的概念，若干年后的今天，我们可以看到各个领域在数字化的建设上都朝着这个方向发展。特别是 2017 年，提出了"第四次工业革命"的概念，在夏季达沃斯论坛期间被参会嘉宾广泛讨论。这个概念对于世界来说又是一次新的变革。前三次世界工业革命的发生，给全世界人民的生活水平带来了长足进步，第四次工业革命又将有它新的特点和特色。

每届论坛讨论的高端话题也关系着千家万户，关系着我们每个人的生活习惯和职业发展。所以我们也得去研究学习，紧跟这个时代的步伐，因为第四次工业革命的到来，标志着我们的世界格局、社会格局，甚至是家庭结构都会有很大变化。夏季达沃斯论坛在大连召开对我们来说也是一个先机，很多前沿信息我们先得到、先了解，对市民更加关注国际时事和社会热点，从而延伸到自己的个人和职业发展上，都有很大的帮助。

　　期待未来论坛继续解锁增长的新前沿，为世界指引发展方向。同时也希望大连通过举办论坛，把全球投资者的目光汇聚到这里，通过经贸洽谈、对接活动等形式，引入投资规模大、科技含量高、带动效应强的优质项目，持续放大论坛溢出效应，把夏季达沃斯论坛办成独具特色、精彩纷呈的国际盛会。

（作者系大连市政协委员，大连市数据局副局长）

葫芦岛港的昨天、今天、明天

王英秋

葫芦岛是一个港口城市，提到葫芦岛港，写入史书的，是张学良筑港、日俘遣返两件大事。其实，张学良筑港并不是葫芦岛港的筑港之源。往前追溯，葫芦岛港距今已有百年历史，建港过程颇具传奇色彩，可谓一波三折。

1908 年 8 月，徐世昌聘请英国工程师秀思对葫芦岛进行勘测，秀思认为该处海域水深，冬不结冰，是建筑商港的最适宜之地。1909 年，锡良上书朝廷，主张建港，1910 年 10 月开工，1911 年因辛亥革命爆发中止；1919 年，孙中山在《实业计划》中提出再次修筑葫芦岛港的设想，1920 年 3 月开始建港，1922 年因直奉战争再次中止；1928 年，张学良雄心勃勃地把建港提上议程，1930 年举办盛大的筑港开工仪式，1931 年因九一八事变又一次中止。

后来陆陆续续进行了一些施工工作，直至中华人民共和国成立后，1984 年才开始首航，1999 年，国务院批准葫芦岛港对外开放。2005 年，葫芦岛港进行股份制改造，宏运集团接管葫芦岛港，并于2006 年 5 月 18 日正式成立葫芦岛港集团有限公司，葫芦岛港成为由民营资本控股的港口企业。从此，新一代的筑港人再选新址，在新时代的号召下，倾囊投资，建设新港。充分发挥这个具有"不冻不淤，夏无飓风"的天然良港的优势，充分利用其天然的地理优势，披荆斩棘，踔厉前进。

2007 年 12 月 13 日，国务院正式批准葫芦岛港为一类开放口岸，对外籍船舶开放。自此，葫芦岛港驶入高速发展的快车道，从单一货源到货源多样化、复杂化，从单一作业模式到多种作业工艺并行，兼具商业型港口、民生型港口、国建型港口功能。吞吐量呈几何式递增，从最初的百万吨级小港发展到如今的千万吨级港口，并不断向亿吨大港奋力前进。

葫芦岛港以通用散杂货、矿类、钢材、油品、化工品、粮食、煤炭等运输为主，逐步开展集装箱运输，积极拓展港口物流功能和临港工业服务功能，发展成为具有运输生产、港口物流、金融交易、临港工业等多种功能的综合性港区。

除了硬件设施的投入，港口的软环境也有了飞速的跨越。2019年起，港口着力引入生产管理系统，而后陆续引进 OA 办公系统（办公自动化系统）、车辆管理系统，对港内进出港卡口、边检口岸限定区、生产指挥中心等处也做了数字化智能升级改造，大幅缩短了统计时间，提升了办公效率。

葫芦岛港以"精准服务"作为企业的特色管理理念之一，全港上下秉承客户至上的原则，竭诚为客户、船方提供优质的服务。建立一站式口岸服务大厅，客户可以在大厅同时办理多种业务。港区内建立客户驿站，方便客户在港内休息、进行业务洽谈等。

近几年，随着对外开放口号的不断提出，葫芦岛港作为葫芦岛市对外开放的重要门户，更是责无旁贷。2023 年 10 月，在运营的 5 个通用散杂泊位全面对外开放，更大程度地提升了本地区域以及东北及蒙东地区物资的进出口水平。

港口作为地方的重要基础设施，是地方经济的晴雨表。如今的葫芦岛港，愈战愈勇，奋发图强，始终坚持"变中求新，变中求进，变中突破"的发展理念，不断突出新特色，创造新优势，实现新发展。

以港兴市，产业强市，让小港口做精、做强，港口建设得到了葫芦岛市委、市政府的高度重视，不断强化港口支撑产业的能力，举全市之力支持港口的发展。

建设大港口，服务大发展，大力发展临港经济，葫芦岛港必然会成为经济再度腾飞的动力和引擎！全力建设一个与时俱进、绿色智能的新港口，一个全面开放的入海通道，葫芦岛港口的明天会更加生机勃勃！

（作者系葫芦岛市政协委员，葫芦岛港务集团人事主管）

"镁都" 高奏新华章

陈　军

渤海之滨，辽河左畔矗立着一座底蕴深厚、美丽宜居的幸福之城——大石桥。这里有 26 万年前金牛山人古人类遗址，这里是有近千年水稻种植史的鱼米之乡，同时，她还有一个更为响亮的名字——"中国镁都"。

大石桥依镁而立，因镁而兴。早在 1918 年，大石桥就开始了菱镁矿开采，新中国的第一窑镁砂、第一炉电熔、第一块不烧砖、第一块烧成砖，均产自这里。改革开放后，大石桥菱镁产业快速发展，形成了集勘查、开采、选冶、加工、销售为一体的菱镁产业体系，成为国家级镁质材料产业化基地、全国镁质耐火材料生产和出口基地，大石桥也曾凭此跻身全国百强县行列。1990 年，我穿上军装，从黑龙江来到这里，成为一名新兵，镁都山水孕育了我，见证我从一名战士到军官的成长，这里成为我的第二故乡。

念念不忘，终有回响。告别二十余载的军旅生涯后，2019 年，我重新回到熟悉而亲切的镁都。这些年来，得益于大抓产业转型升级和优化营商环境，全市镁产业蓬勃发展，涉镁企业已发展到 543家，其中，规上镁制品企业占据全省的"半壁江山"，青花集团、金

"中国镁都" 大石桥

龙集团、菱镁化工、嘉顺科技等一批龙头企业在这里茁壮成长。2023 年以来，成功举办了第十届镁博会，围绕推动菱镁产业高端化、智能化、绿色化发展，全市镁制品规上企业收入实现 196.5 亿元。当年，大石桥被评为省工业强县。

五年多的朝夕相处，我愈发惊叹于这座城市的快速发展，愈发欣喜于这座城市的青春律动。我同镁都，似故人，更像密友，久伴情深，一同成长。

对我来讲，镁都既是我心头的一份爱，更是我肩上的一份责任。光荣的使命、共同的梦想，让我与 60 余万镁都人同心同向、风雨兼程。聚焦打造新时代"两县五地"目标定位，全市干部群众躬身入局，拼搏实干，大力发展新质生产力，加快建设 300 亿元的产业集群，奋力打造世界级镁制品精深加工产业基地。

穿越百年风雨，迎来时代革新。如今的中国镁都，企业客商纷至兴业，乡贤游子寻根反哺，正以逆势新生的蓬勃之势续写着高质量发展的崭新篇章，在奋力推动中国式现代化大石桥的实践中争先进位，再铸辉煌！

（作者系营口市大石桥市政协党组书记、主席）

田埂上的诗社

王福来

　　凌源市宋杖子镇二十里堡村是朝阳市第一批民俗文化村，自然人文生态良好，"非遗"资源丰富多彩。在这个人杰地灵的村落，热爱诗歌的村民们成立了全省第一个农民诗社，被誉为"田埂上的诗社"。今天，让我们共同走近这个农民诗社，看看新时代农民对美好生活的向往。

　　拿起锄头，耕田翻地；放下锄头，吟诗作赋。

　　"你们是农民？"

　　"我们是纯粹的农民。"

　　"你们是诗人？"

　　"不知道，反正我们挖地的时候，有灵感了就会即兴写出一首诗来……"

　　在二十里堡村娄杖子农民诗社举办的诗词交流联谊会上，社员们表达着自己劳动和写诗的真情实感。

　　娄杖子农民诗社成立于 2020 年，由当地热爱诗词的农民自发组成。诗社的发起人陈国珍老人曾任二十里堡村书记，是当地村民公认的乡贤，曾创作出版过个人传记。起初的诗社，就是陈老建立的"休闲诗友"微信群，几个爱好诗词的村民忙里偷闲，用诗歌记录他

们的劳动和生活。在他们的影响下，越来越多喜欢诗歌的村民纷纷加入进来，诗社队伍逐渐壮大，现在已有成员89人。社员们一手拿锄，一手握笔，用汗水和智慧，浇灌出一畦畦四时鲜蔬，吟咏出一卷卷乡土诗作。几年来，他们用诗词记录乡村变化，歌颂美好生活，一篇篇浸润着泥土芳香的优秀作品，被《塞外风》《南方文艺》《辽西文学》等媒体采用。

"塞外凌川三省通，红山文化史留踪。榆州鼓乐乡情厚，盛会花灯年味浓。柳下村前修律广，田间陌上孕诗荣。书香墨壮桑园秀，才气纷呈民睿聪。"这是诗社社长王青玉创作的七律《家乡美》。

曾经的王青玉，因铡草时不慎伤到右手，落下残疾而丧失劳动能力，一度精神绝望，生活困苦。陈国珍、王树忠、陈凤等诗友一有空就教王青玉诗词基础知识、格律规则，共同探讨诗词创作。在他们的带动影响下，王青玉爱上了诗词，诗作也越来越有模有样，后来被大家推举为新的诗社社长。村里还为他申请了低保，他的生活也有了保障。他渐渐从绝望中挣脱出来，精神状态越来越好，对生活充满了信心和希望。2023 年，王青玉和另外三名诗友王树忠、陈凤、孙国艳加入了中华诗词学会，成为"国字号"诗人，先后出版了五本诗集。

"忙时各自勤耕种，闲来写诗共诵吟。"这就是当今二十里堡村农民诗歌文化和精神生活的真实写照。按照约定，诗社成员定期汇聚在一起，从写诗、评诗到讲诗，通过诗词辅导课、诗词评审会、诗词交流会等系列活动，带动青少年诵诗、学诗，让越来越多的人树立了文化自信，村民们也更喜欢在"诗歌乡村"里诗意地生活。

农村现代化，不仅物质生活要富裕，精神生活也要富足。诗词串起的是新时代农民对美好生活的向往，展现的是乡村振兴带来的崭新风貌。

（作者系朝阳市凌源市政协党组书记、主席）

小花生　大文章

王　梅

农业兴则百姓富，仓廪实则天下安。

花生作为兴城乡村三大特色产业之首，种植面积达 80 万亩，占耕地面积的 70% 以上，位居全省第一。兴城花生以果皮洁白、籽粒饱满等优点驰名中外。近年来，兴城从育种、种植、加工、销售、物流等环节，打造花生全产业链条，以"小花生、大产业"为目标，建设省级花生现代农业产业园、辽宁省花生出口示范区、国家区域性花生良种繁育基地，打造花生种植"兴城模式"，多维度助力乡村振兴落地生"花"，"生"生不息。

兴城种植花生历史悠久，产出的花生色泽光

亮、味道香醇，富含蛋白质、氨基酸、维生素、矿物质等营养成分，享有"长寿果"的美称。近年来，兴城政府把花生产业作为推动农业产业结构调整的重要方向，聚集绿色食品、无公害农产品，销往全国。

兴城市政府出台了一系列支持花生产业发展的好政策，大力扶持花生良种繁育基地建设，初步建立了花生良种引进、繁育体系，通过"企业+合作社+基地"的经营模式，实施订单繁种，建立制种基地面积约 40000 亩，努力建设国家区域性良种繁育基地。目前，兴城花生的主要种植品种为花育 23、花育 34 等小粒花生。同时，引进高油酸花生冀花 18、花育 608 等新品种，实现花生良种全覆盖。

兴城长期与沈阳农业大学、辽宁省农科院等科研院校建立合作关系，共同完成国家花生产业技术体系建设、国家重点研发计划北方春花生化肥农药减施技术集成与示范等多个花生产业前沿的攻关项目，为兴城花生产业发展提供强有力的科技支撑。目前，兴城花生单产达 300 公斤，实现总产量 24 万吨。

兴城红崖子花生市场通过电商平台，建设线上线下多种销售渠道，上接花生生产基地，下连零售终端的流通主导型产业链条，形成以花生价格公布、交易展示、储藏运输、信息商务、管理检测、仓储金融为一体的东北最大的花生物流商贸集散中心。"红崖子花生"被国家质检总局批准为国家地理标志保护产品，成为辽宁省农产品区域公用品牌。

兴城市现代农业产业园是兴城市委、市政府发展花生产业的又一力作，产业园以一核、六区、多基地、二中心的产业布局，强龙头、补链条、兴业态、树品牌，促进三产融合发展，致力打造北方花生之都。

随着农业科技水平的不断提高、互联网技术的不断发展，兴城花生产业也将不断优化转型升级，加强品种培优，推动高效绿色生产，促进农业增效、农民增收，绽放新的生机和活力。

（作者系葫芦岛兴城市政协委员，辽宁花生集团内贸事业部总经理）

盘锦，我为你写诗！

刘稳舟

　　辽河左岸，春风温柔细腻。一座桥，横亘河两岸，站成了一种英雄的姿态，秉持了北方固有的豪迈。向上两百米，从高处俯瞰这座城市，鹤鸣九皋，鸥翔于野，车水马龙，川流不息。

　　盘锦，一座年轻的城市。外形硬朗、内在温柔，河海交汇的地理环境造就了浩瀚千里的芦苇湿地，广袤的湿地上栖息着四百五十余种野生动物，境内二十一条自然河流滋养着四千多平方公里的土地。近年来，在习近平生态文明思想的指引下，这座城市深入践行绿色发展理念，着力解决经济发展与环境资源之间的矛盾，不断探索人

271

与自然和谐共生的新时代课题，推动石油化工之城向生态之城转型。

十几年前，我偶遇这座城市。这里大自然的律动让我安心，我时常幻想身体里埋有一颗种子，会长成参天的树，写成抒情的诗，在一个庄严的时刻向这座城市告白，纪念那些锦瑟年华。

风的呢喃

盘锦是一座多风的城市。风，是大自然的呼吸，是这片土地充满活力的最好佐证。冰消融、花含蕊、草吐青，春信如约而至。茸茸芳草，漫漫长路，清风送来透明的空气，裹挟着温暖与清凉，让寻春的人满心欢喜。我想我是那多情的风，浮在人世间，看鸢飞戾天、鱼跃于渊，领略沧波千里、白云千里。

多年来，盘锦始终坚持绿色发展理念，以协同创建辽河口国家公园为牵引，做好湿地生态保护修复，稳步推进碳达峰、碳中和，深入打好污染防治攻坚战，积极创建全域国家生态文明建设示范区，加快经济社会发展全面绿色转型，做到降碳、减污、扩绿、增长协同推进，让天更蓝、水更清、山更绿，生态环境更优美。辽河两岸的春信告诉我们，"绿水青山就是金山银山"的理念在盘锦得到成功的实践。

一半海水　一半火焰

盘锦是一座神奇的城市。1425 平方公里的海域，赋予这座城市包容的灵魂。盘锦的海，在骄阳与星野之下，一半海水，一半火焰。荡漾的海水，气势磅礴，带来了丰富的物产；鲜红的翅碱蓬，热烈饱满，点绛了这座城市优雅的唇。穿过海岸线向东20海里，我们遇见了几座新型结构构筑的人工岛和海洋石油平台，在这里，海洋经济蓬勃发展，默默为国家经济发展贡献着"血与氧"。

绿色发展是发展观的深刻革命。盘锦把生态文明建设摆在全局工作的突出位置，调结构、优布局，使资源开发利用与生态保护修复相得益彰。"风烟俱净，海天共色"，大海的潮信告诉我们，这是一条顺应时代发展的船，必将乘风破浪。

云深不知处

风萧萧而异响，云漫漫而奇色。盘锦的云，有时远在天边，有时近在眼前，注定会带给你惊喜。秋风起兮白云飞，草木黄落兮雁南归，没有经历盘锦的秋天，你对"锦绣"的理解，或许会有那么半分偏差，多种自然、产业、人文等色彩斑斓的要素在日光的丝线里织就，汇成一幅灵动的画。千秋笔墨惊天地，万里云山入画图，是产业结构调整的笔，绘就了绿色转型的画。

通过以各项环境指标的实现为导向，减少和淘汰落后产业，推动战略新兴产业、高新技术产业、现代服务业等均衡发展，引领着产业结构调整，带动了城市发展的绿色转型。"湖上一回首，青山卷白云"，白云深处纯净的天空之城将会是绿色转型交给我们的答案。

这是为盘锦而写的诗，这是诗画里的盘锦，这是异乡人对盘锦的庄严承诺。让我们勇敢面对发展面临的机遇和挑战，以"行百里者半九十"的气概，以"功成不必在我"的境界，"建功必定有我"的担当，行而不辍，履践致远，为实现盘锦经济社会发展全面绿色转型而不懈奋斗！

（作者系盘锦市政协委员，中信资源天时集团能源有限公司首席质量官）

让山村孩子拥抱多彩的世界

宁传锋

2019 年，民盟大连外国语大学基层委员会组织大学生成立"山椒计划"公益团队，从对接六盘水市多所小学开始，拓展至 9 省 200 多所乡村中小学，从单纯提供英语教学拓展为教授日语、俄语、女童保护、美育等 10 余项课程，累计线上授课 5000 多课时。"山椒计划"为大山里的孩子获取知识、了解世界打开了一扇窗。

在全面脱贫这场攻坚战中，高校党派组织能做些什么？这是民盟大连外国语大学基层委员会一直在思考的问题。结合学校外语专业优势和偏远乡村中小学英语师资短缺的现实状况，委员会决定把着眼点放在公益英语支教上，提出了公益在线直播支教方案，取名"山椒计划"。2019 年 4 月，第一堂线上直播课落地河南商丘中华楼小学，大学生志愿者备课充分，PPT 清晰翔实，口语发音标准，课堂气氛热烈，教学效果好得出人意料。

何谓"山椒"？"山"代表大山，最初的设想是对接六盘水市，那里山多；"椒"代表辣椒，贵州人爱吃辣椒，也蕴含了山里孩子坚强勇敢、不向命运屈服的精神。截至目前，"山椒计划"已累计为辽宁、吉林、黑龙江、陕西、青海、云南、四川、河南等 9 个省的 200 多所乡村中小学开展线上授课 5000 多课时。

"山椒计划"为偏远山区的孩子们送去了优质教育资源，得到当地教育主管部门和学校领导、教师的高度认可。"自从有了山椒直播课，孩子们对英语更感兴趣了，成绩突飞猛进。"六盘水市一名乡镇中学的校长说。

　　"山椒计划"由大连外国语大学率先发起，得到了全球华人大学生志愿者的鼎力支持。目前，已汇聚了来自中国人民大学、浙江大学、南开大学、北京航空航天大学、四川外国语大学、天津师范大学、香港城市大学、大不列颠哥伦比亚大学、伦敦政经大学、美国雪城大学等全球60多所高校的志愿者500多人，不定期开展线上教学。"山椒计划"还在澳门理工大学、大连大学、辽宁师范大学、青岛理工大学、大连民族大学、澳大利亚新南威尔士大学等高校建立了"山椒小站"，聚焦项目教学研究、教材开发和教学评价等相关领域，整合全球高校资源，教学课程也从英语、日语、俄语等外语类课程，拓展到美术、中文阅读、音乐、女童保护、心理疏导、编程、海洋生物科普等素质教育课程。

"山椒计划"成就了一场"双向奔赴"的温暖。志愿者向大山里的孩子送去丰富有趣的专业知识，与此同时大学生志愿者也切身感受到了奉献的价值和可贵。大连外国语大学英语学院学生阎亦婷主讲了贵州一所小学的英语直播课。她说："在我的帮助下，孩子们变得越来越自信，看到他们敢于大声开口说英语，我真的很开心！孩子们的认真让我不敢懈怠，孩子们的进步让我感受到了努力的意义，他们也在感动我、激励我成长。"加拿大滑铁卢大学数学系的季天骄参加了黑龙江育才小学的线上教学。她说，孩子们的表现让她太惊喜了，他们愿意发言，敢于提问。一声声"老师好""谢谢老师"，让她觉得成为他们的老师是一件非常幸运的事。"我愿为你们而来，也谢谢你们给了我最治愈的笑容。"季天骄说。

　　（作者系大连市政协委员，民盟大连市委教育委员会副主任，民盟外国语大学基层委员会副主委）

图书在版编目（CIP）数据

政协委员讲辽宁故事. 5 / 本书编委会编. -- 北京：
中国文史出版社，2025. 1. -- ISBN 978-7-5205-4928-8

Ⅰ. F127.31-53

中国国家版本馆 CIP 数据核字第 202421CY48 号

责任编辑：薛媛媛

出版发行：**中国文史出版社**

社　　址：北京市海淀区西八里庄路 69 号院　邮编：100142

电　　话：010-81136606　81136602　81136603（发行部）

传　　真：010-81136655

印　　装：河北京平诚乾印刷有限公司

经　　销：全国新华书店

开　　本：720×1020　1/16

印　　张：18　　　　字数：195 千字

版　　次：2025 年 1 月第 1 版

印　　次：2025 年 1 月第 1 次印刷

定　　价：80.00 元